U0330243

大夏书系·教育艺术

理想的教室

——教室环境布置和空间设计利用

洪耀伟 编著

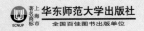

华东师范大学出版社

全国百佳图书出版单位

序言：小世界中的大道理

　　近些年来，立德树人成为大家的共识，大德育已然成为趋势。如何培养学生良好稳定的学习行为习惯、自由民主的现代公民意识、既独立又合群的生活能力越来越成为家长、教师关注的热点，但在真正实施时却又往往感觉缺乏途径，毫无头绪。洪老师则尝试着从身边的小事做起，从影响教室环境和文化的点点滴滴做起，施展着教育的魔力。

　　理想的教室是什么样的？仁者见仁，智者见智。有专业人士把科技元素放进来，谓之"未来教室"；有人把桌椅、黑板的布局改变一下，四面都是黑板、桌椅，学生团团坐，谓之"以学定教"的教室；有人把墙面、黑板周遭涂上了各式各样的图案、贴上精美的照片和名言警句，谓之"让墙壁说话"；等等。理想的教室，不仅仅是传递知识、组织活动的场所，更应是师生朝夕相处、共同成长的乐园，这是对理想教室的基本共识，但如何合理地把这些元素有机组合起来，却是一门大学问。

　　本书从小小的教室布置开始思考，遵循"人创造环境、环境塑造人"的原理，打破长期以来教室布局一成不变的思维定势，转换视角，以学生的发展为本，以"生活得更合理、更科学"为追求，充分发挥学生的主观能动性。引导学生积极参与自己的生活空间设计，制定生活规则，让班级生活更美、更好、更简约，从而培养学生自由平等、民主守约的公民意识，让他们在细小的岗位锻炼中培养爱岗、敬业的责任心，在美好的班级生活中感受文明和谐的集体氛围，提高自我管理意识和自我超越意识。这一思考，恰好回答和验证了两个关键问题：谁是教室的主人？教室又因何而存在？

　　毋庸置疑，学生是教室的主人，一切设计都应围绕着学生的学习生活而展开。大到桌椅样式的选择、墙面布置、前后黑板各个功能的划分，小到窗帘的选择，不单单是学校与教师的事，更应从学生的实际去考虑分析。基于此，在洪老师的研究里，我们可以发现洪老师尊重和顺应学生的特点，真正从学生角度来看待身边的事与物，回归教室本色，为理想教室的设计带来一个个全新的视角。

与此同时，不可忽视的另一事实是：教室是学生的公共资源，而好的公共资源是需要精心管理的，教室也不例外。如何让教室变得更美？如何让有限的空间可使用性最大化？如何保持教室的整洁卫生？换句话说，教室中发生的一切活动都是需要管理的。这就涉及谁去设计、管理、维护，怎么设计、管理、维护的问题。老子说：治大国如烹小鲜。洪老师说：领小班亦如治大国。通过引导学生对教室的自主管理，在潜移默化中培养学生自由平等、民主集中决策和规范管理的意识。书中许多来自实际的鲜活小案例，对班级管理极具启发性，如：黑板能"抠"着擦吗？书怎么会放到椅子上呢？如何面对糟糕的桌肚和课桌文化？……从中不难看出，教室的管理其实就是学生行为规范及集体文化的管理。

此外，"欲善其事，先利其器"在这本书中也有很大篇幅的介绍，颇有意思。有"效果好到爆"的软塑桌垫；有教会学生大扫除的"清洁大绝招"，实现地面、黑板一尘不染，教室整洁360度无死角；有快速出好黑板报及教室布置的"专属利器"：配色方法、字体选择、主题区域划分等等，上手容易，效果奇佳。毫不夸张地说，这本书对年轻班主任来说是新手上路的指南手册，对资深班主任来说是一次智力大碰撞的专业提升。

常言道：智慧在民间。洪老师就是一位激发智慧、弘扬智慧的引领者。当人们的视角习惯于关注宏大的教育课题，习惯于做大做强的时候，他却仍然把精力与目光聚集在日常细微而烦琐的班主任常规上。这本书是由洪老师及其所带领的市班主任工作室成员花了近一个学期和一个寒假的时间，几经易稿，反复研究讨论的成果。书中每一个故事、每一个妙招无不彰显着"小世界，大道理"的实践智慧。古人曰："太上有立德，其次有立功，其次有立言。虽久不废，此之谓不朽。"此书虽不能说不朽，但其蕴含的道理，不断精进的思维方式和工作方式，应该是不朽的。

上海市闵行区浦江一中校长　汤林

第 1 章　打造理想教室·原则篇

为什么要打造理想教室？

打造理想教室应遵循哪些原则？

理想教室如何维护和管理？

洪耀伟

电子邮箱：1115975886@qq.com

个人介绍：洪耀伟，上海市德育特级教师，上海市闵行区浦江一中高级美术教师、班主任，国家二级心理咨询师。曾获全国优秀教师、上海市劳模、上海市教书育人楷模、上海市优秀家庭教育指导者、上海市优秀班主任、上海市班主任学科带头人、第二与第三期上海市班主任带头人工作室主持人、上海市金爱心教师等20余项荣誉。他注重家校互动，形成教育合力，得到了学生和家长的拥护和爱戴；他所带班级多次荣获上海市市、区先进班集体。2012年代表上海市参加首届长三角地区中小学班主任基本功大赛并荣获"一等奖"。

为什么要打造理想教室？

"孩子在他周围——在学校走廊的墙壁上、在教室里、在活动室里经常看到的一切，对于他精神面貌的形成具有重大的意义。这里的任何东西都不应当是随便安排的。孩子周围的环境应当对他有所诱导，有所启示。我们竭力要使孩子所看到的每幅画，读到的每句话，都能启发他去联系自己和同学。"苏联教育家苏霍姆林斯基的这段话告诉我们：人创造环境，环境塑造人。学校和教室环境布置及空间利用在学生成长过程中起着举足轻重的作用，应引起一线教师足够的重视和思考。

一、彰显环境育人

教室环境是班级形象的标志之一。打造理想教室，既树立了良好的班级形象，又可以用优美的环境陶冶人。心理学研究证明，自然环境、社会环境会对人的心理产生巨大影响。优美的教室环境能给学生增添生活和学习的乐趣，消除紧张学习后的疲劳。更重要的是，优美的教室环境有助于激发学生热爱班级、热爱学校的情感，从而增强班集体的凝聚力和学生的归属感。

二、体现人文关怀

教室里的各种空间位置，既是物理意义上的存在，同时也是承载着一定教育功能的教育资源。打造理想教室，合理布置和利用教室内的空间资源，会收到良好的教育效果，使教室的各种空间和环境布置成为具有多元价值的

"教育场"。总之，理想的教室，不一定要有过多的装饰和布置，也不一定有许多的物品，但一定要涌动着知识的力量，充满着浓浓的爱，能彰显班集体特色，促进班级文化建设，起到振奋学生精神、鼓舞学生斗志的作用，使学生在理想的教室环境中坚定学习信念，激发学习热情，感受人文关怀。

三、解决师生需求

前不久，我们团队分别对上海市 302 名初中班主任和 1646 名初中生做了问卷调查，在"您认为教室环境和空间利用是否需要精心的布置和设计？"这个问题上，290 位教师选择了"很有必要"，占参加问卷教师总数的 96.03%；有 1391 名学生认为很有必要，占参加问卷学生总数的 84.51%。在"如果您觉得有必要，您的理由是？"这个问题上（多选题），88.74% 的教师选择了"增强班级凝聚力和师生的归属感"；82.45% 的教师选择了"用优美的环境育人"；80.46% 的教师选择了"建立良好的班级形象"。针对这个问题，85.6% 的学生选择了"优美的环境使人愉悦"；81.9% 的学生选择了"建立良好的班级形象"；64.7% 的学生选择了"班级会更有凝聚力"。可见打造理想教室是建班育人和师生成长的共同需求。

打造理想教室应遵循哪些原则?

打造理想教室，离不开科学理论和方式方法的指导，实践的检验越确切，越能发挥对打造理想教室的指导作用。结合自己多年班主任工作实践，我认为教室环境布置和空间设计利用可遵循如下原则。

一、共生原则

我们都说教学应相长，然而在我看来，所谓的教学相长还带有技术的色彩，在技术之后其实另有一层生命的光泽，那就是——师生共同生长，即所谓的"共生"。具体而言包括两个方面——教师、学生双主体。

1. 教师主体

理想的教室应是以教师和学生为主体创造出来的，又反过来决定和影响着师生的共同成长和进步，进而促进班集体优良风貌的形成。

（1）身体力行

打造理想教室的过程中，要发挥教师的主导作用。首先，班主任自己要进行教室布置和空间利用方面的学习和提高，如阅读一些相关的书籍，实地参观一些优秀的教室布置等，掌握一定的教室布置和空间利用的技巧和方法。

（2）了解学生

要发挥学生的主体作用，首先就要做到了解班级学生，特别是在建班之初，就要通过各种渠道，了解班级哪些学生在手工、绘画、设计、书写等美化环境和空间设计方面有特长，以便指导他们分工协作，最大限度地发挥学生的主观能动性。

2. 学生主体

（1）培训引导

学生是班级的主体。班级成立之初，在对班级学生进行必要的了解后，通过自荐或推荐等方式，选出几位有特长的学生担任班级环境布置和空间设计的"艺术总监"，并对他们进行必要的培训，分别从版面设计、色彩搭配、内容安排等几方面进行有针对性的指导。可以由班主任直接进行培训，也可以邀请学校专职美术教师参与。

（2）以点带面

经过一段时间的培训，学生掌握了一定的方法和技巧后，则可以放手让"艺术总监"带领小组同学一起做，班主任进行必要的指导即可。这样，就很好地体现了教师和学生的双主体。

（以上图片均来自浦江一中）

（备注：本书图片来源部分使用学校简称，学校全称详见附录。）

二、美育原则

何为"美育"原则？它应该包括三个方面的内容，那就是：实用功能、审美功能、教育功能。打造理想教室，要遵循实用功能、审美功能和教育功能三位一体。班级布置和空间利用不是孤立的，乍看起来，两者好像是班级显性文化建设，其实它们又是隐性班级文化的呈现和展示，是互相促进和相互作用的，具有相融性和渗透性。

1. 实用功能

以我们教室里的"雨伞架"为例。之前，班级并没有专门放置雨伞的地方，下雨天，多数学生将雨伞随意放在窗台或走廊地面上，弄得教室和走廊湿滑，来回走动踩了很多脚印，特别脏，而且容易摔跤，很不安全。由此，"雨伞架"应运而生。天气晴好时，"雨伞架"安静地伫立在教室的后方，和卫生角融为一体，其中的间隙还可以摆放扫把和畚箕等劳动工具；下雨天，将雨伞整齐地挂在上面，不仅解决了全班 40 多位学生的雨伞放置问题，同时也保持了教室的干净整洁。在设计定做"雨伞架"时，考虑到班级学生多，为保持其牢固性和防止遇水生锈的问题，我们选用了不锈钢材质。下雨天，"雨伞架"下方还放置了一个大小适中的铝合金托盘，这样雨伞上的雨水会直接滴到托盘里，避免把地面弄脏弄湿。这些方面均体现了"雨伞架"的实用功能。

2. 审美功能

在设计"雨伞架"时，除了考虑实用功能外，还要考虑审美功能。为了使"雨伞架"的颜色和班级大环境相融合，我们选用了纯净的白色。在造型和尺寸上也充分考虑到和班级大环境及空间融为一体，采用流线造型，别致轻巧。另外，为了移动方便，在它的底部设计安装了四个小轮子，移动时轻轻一推即可完成。

3. 教育功能

"雨伞架"除了解决班级雨伞、雨具的放置问题，同时也体现了其背后的育人功能。每到下雨天，第一个进入教室的学生，会自觉将"雨伞架"推到教室门口的走廊，方便学生们放置雨伞；放学后，最后一个离开教室的学生会自觉将它移回教室。这些都体现了学生爱护教室环境和公共物品的责任感，同时也培养了学生主动为班级服务的主人翁意识。

所以，一个成熟、理想的教室，必须具备与空间及环境布置相吻合的教育功能，能服务于师生的精神成长。

（以上图片均来自浦江一中）

三、人本原则

我们都说教育要以人为本，要追求人性化，那么到底什么是人性化呢？在我看来至少要体现在以下几个方面。

1. 符合年龄特征

在布置教室、设计利用教室空间的过程中，应针对不同的年段和学生对象，从学生的实际需求和年龄特点出发，遵循他们的身心发展规律。此外，在操作形式、内容上应有区别，比如幼儿园和小学的教室环境布置在色彩、形式、内容上均有不同，幼儿园可能会更加活泼、明快、多样一些。但均可以在区分不同特点的基础上体现出以人为本的教育理念。以个性鲜明、活泼可爱、不拘一格的形式晒一晒丰富的课余生活以及学生的成长足迹，营造一个充满文化气息的班级环境和空间，从而激励学生不断进取，健康成长。不同的是，初中高年段和高中可能在这方面的呈现相对趋于理性和成熟。

2. 符合学段特征

打造理想教室要注重目的性和阶段性。其实，这也是一种可持续性。因为教室布置和空间利用不只进行一次，而是根据学生年段、学段不同进行调整。对于起始年级来说，养成教育是迫在眉睫的一个问题，注重一定的阶段性和目的性，如何引导学生根据班级的实际制定一系列的班级规章制度、公约和纪律等，并与环境布置和空间利用相结合，显得尤为重要。比如，初中起始年级，学生刚从小学进入初中，需要一个过渡期，这时班级布置张贴的规章制度可以运用一些朗朗上口的儿歌或顺口溜来呈现。而随着学生逐渐适应初中生活，高年级的班级规章制度要充分发挥学生的主观能动性，可通过师生集体讨论、互动，制定出更加切实可行、贴近班级实际的规章制度来进行张贴布置。这些充分体现了打造理想教室的目的性和阶段性。要知道，只有学生亲自参与制定的班级规章制度才是真正意义上的班规，张贴出来才会有一定的约束力。

3. 符合学生真实需求

关注学生的生命成长和内心需求是我们在打造理想教室时应特别注意的。除了刚才我们说的"雨伞架"外，还有许多这方面的例子。例如，上海市奉贤区实验中学的李薇老师，将教室前方白板空间的分割和利用发挥到了极致，除了任课教师平时的板书区域，她还和学生创造性地开发了生日祝贺区、温馨提示区等。上海市民办新北郊中学的刘佳老师，在教室的讲台上准备了餐巾纸，讲台下的储物箱里准备了创可贴、酒精棉、花露水，以备师生不时之需。以上这些举措都能让师生感受到浓浓的人文关怀和尊重，取得了不错的效果。

来源：奉贤实验

来源：民办新北郊

四、承启原则

打造理想教室，要做到既体现优良传统，又反映时代特点，坚持在传承、积淀的基础上与时俱进，体现时代性。注重研究新时期中学德育工作出现的新现象、新问题、新特点，着眼学生终身发展，有的放矢地开展教室环境文化建设，促进学生全面发展。这就是所谓的"承启"原则。

1. 传承性

中华民族五千年的文明璀璨夺目，传承传统文化是一个永恒的话题。所以，我们对教室前的黑板空间进行了合理的设计和分割，在不常用到的边角处开辟了一块专门的"经典诵读"栏目，学习《三字经》《弟子规》等国学经典，每周两次由学生按学号轮流抄写内容并上台解释其大意，然后再利用课间2分钟预备铃时间带领学生诵读。学生通过长期的学习诵读，对传统经典文化有了更深的领悟和更好的传承。

2. 时代性

随着《朗读者》的热播，如何在班级中营造读书的氛围成为我们关心的事情。黑板左侧的墙壁是一方空地，我们因地制宜，设计成了"班级书吧"。如果说右侧黑板空间分割中的"经典诵读"是传承传统的话，那么，左侧学生自己布置装饰的图书角则富有时代气息。图书角有专人负责管理，学生们带来了平时珍藏的好书，还用饰品进行了精心的装扮。这不仅为同学们提供了阅读好书的机会，还成了班级环境布置中一道亮丽的风景线。

来源：浦江一中

五、发展原则

教室环境布置和空间设计利用不是一劳永逸的，而是需要持续更新和变化发展的。

1. 定期更新

打造理想教室不只是为了满足师生的感官需求，也不仅仅是为了让别人来参观学习，它的最终目的是彰显育人功能，为学生的成长需求服务。内容如果长时间不更换，就会让学生失去新鲜感和兴趣，不能激发他们的持续关注。所以，如何根据班情学情和班级发展目标，定期更新，使教室布置和空间利用具有可持续性至关重要。

2. 注重创新

教室环境布置和空间设计利用每次更新要有新的意境，要充分挖掘师生的潜能和创意。例如，上海外国语大学松江外国语学校的葛慧老师，在新学期发动学生在教室前方新开辟了"历史上的今天"栏目，每天有学生将当天历史上发生的重大事件进行公布；上海市奉贤区汇贤中学的罗燕老师将教室后门旁的一块空墙壁开发成了师生交流角；上海市闵行第三中学的朱超老师将教室后方的空桌椅变成了"作业讨论区"，供学生讨论交流作业……这些创意，使教室环境布置和空间设计利用真正成了师生积极参与的活动。

3. 全员参与

学生是班级的主人，打造理想教室的目的是让学生朝着教育所期冀的目标发展。所以，在教室布置和空间设计利用过程中，班主任除了做好舵手之外，还要充分发挥学生的作用，激发他们的创造力和想象力，人人有事做，事事有人做，让学生用双手和智慧创造出富有特色且自己喜欢的环境，并在平时不断充实和完善。激励全体学生积极参与其中，才会使理想教室建设得到可持续发展。

来源：上外松外

来源：闵行三中

来源：汇贤中学

理想教室如何维护和管理？

教室环境布置和空间设计利用除涉及更新发展外，还涉及后期的维护和管理，这时，就需要班主任将班级管理智慧、艺术与理想教室的后续管理相结合。

一、关注动力的激发

理想教室的打造前期，参与学生可能相对比较有热情，但在后期管理中兴趣和热情会大打折扣，这时，如何激发学生内在动力至关重要。

我们在班级内设立各种岗位，让学生通过竞聘上岗，并通过演说竞选等方式进行岗位冠名。结合不同的布置和空间，把岗位安排给每位学生。请认真踏实的学生负责图书角的管理，请耐心细致、略懂花草种植知识的学生管理花草，用学生的名字冠名图书角、饮水处、讲台等等，目的就是告诉学生，"我是班级一份子，我属于这里，我对班级很重要，我要用美的行为呵护班集体"。

来源：浦江一中

来源：浦江一中

例如，班级的饮水处是同学们平时去的比较频繁的地方，这里平时还算干净，大家倒水时也能自觉排队，秩序井然。但我们发现每次上完体育课后情况会不一样，学生运动后口渴，但从操场回教室后只剩下短短几分钟课间，一着急，排队就没有平时那么有秩序了，接水也没有平时那么稳当了，所以经常会把水洒到地上，脚一踩，瓷砖地面就会变得又滑又脏。另外，负责换水的学生平时能按时换水，但如果他课间到办公室订正作业，或有事儿离开教室，教室断水后就不能保证准时更换了。所以除了固定换水的学生，我们又通过岗位冠名的方式安排了一名饮水机管理员，征得学生的同意后，用该生名字冠名了饮水处，请他主要负责饮水机的保洁管理和班级用水的监督。岗位冠名后，不管是饮水机的保洁还是管理，这位学生都做得特别棒。

二、关注制度的制定

教室环境布置和空间设计利用的后续管理在激发学生热情和动力的同时，更需要制度保障，这就需要师生根据不同的空间和布置讨论制定切实可行的规章制度。制度要体现可操作性、可升华性和可评价性。

针对以上提到的岗位冠名，有的老师会担心：岗位冠名初期，学生比较有新鲜感，干劲儿十足，但时间长了，学生还能维持原有的动力吗？针对以上问题，班主任就需制定一定的评价措施和激励机制，比如，定期评

来源：浦江一中

比，一般一个学期对岗位冠名的学生进行一次评比，可以请任课教师和其他学生共同参与，以激励为主，对做的棒的学生进行表扬奖励，不太好的进行必要的指导或适当的调整。几年来，班级的岗位冠名取得了不错的效果，为理想教室的打造立下了"汗马功劳"。

上海市闵行第三中学的朱超老师别出心裁，为了让学生爱护自己的课桌椅，养成整洁、细心的好习惯，在班级中开展"课桌椅选美赛""最整洁桌肚"等活动，定期进行评比。他在班会课上和学生共同讨论，共同制定评比的项目、标准及奖励办法。朱超老师将管理制度落到了实处，具有可操作性，又反过来激发了学生参与打造理想教室的热情，对建班育人起到了升华作用。

三、关注文化的引领

精美图书角布置好了，班级就一定会出现爱阅读的氛围吗？未必！因为这需要在后续的管理中体现文化的引领作用，使软、硬件有机结合，才能发挥理想教室的功能。

图书角成立初期，我总是"一腔热血"地给学生推荐书籍，并定期到学校图书馆去给他们借书。但经过一段时期的观察，我发现，并非老师推荐的书学生都爱看。也许只有他们自己选的书，才是他们喜欢看的。后来，我在班级调查后做了几项改革：一是请图书角负责人定期轮流带学生代表去图书馆借书；二是家长会上进行图书漂流和好书推荐，请家长也加入阅读的行列，家校共同营造书香氛围；三是借助学校读书节活动，编排课本剧，引导学生多读书，读好书。这些措施收到了特别好的效果。

以上简单介绍了教室环境布置和空间设计利用的后续管理和维护方法。其实，不同的班情、学情，管理的方法也不同。还有许多好的"管理金点子"，会在后续各章节中具体介绍。

在实践中求索

虽然洪老师邀请我写的是第一章的点评，但他还是很有心地给我寄来了整本书稿，又一次为我提供了向青年班主任学习的机会，甚是欣喜。

读着一篇篇凝聚着青年班主任心血和智慧的文稿，我一次又一次地被感动。我感动于文中的每一个故事、每一张照片，更感动于青年班主任在建班育人实践中执著求索、勇于创新的精神。想不到小小的教室在他们的笔下竟如此灵动、如此美好、如此富有诗意……教室，已不仅仅是传统意义上的"有讲台、有课桌、有黑板"的物理空间，而成了能让孩子们诗意地学习、生活的生命成长空间。

对基层学校的班主任来说，探索的成果多是实践性成果。其创新性不在于提出多少有创意的理论，而在于能否有效地解决实际问题，在于如何将先进的教育理念变成可操作的方法。

第一章共分为三部分，即为什么要打造理想教室，打造理想教室应遵循哪些原则以及理想教室如何维护和管理。细读这一章，虽然没有什么高屋建瓴的长篇大论，也没有让人眼花缭乱的奇思妙想，但字里行间充满了对成长中生命的无比关注，对班级环境和班级文化的无比关注；体现了对教育的尊重，对学生成长规律的尊重。"以生为本""以美育人"的教育理念跃然纸上。

第二部分是这一章的重点，洪老师结合自己多年建班育人的实践，提出了打造理想教室应遵循的五条基本原则：共生原则、美育原则、人本原则、承启原则和发展原则。令人耳目一新的是，洪老师在阐述这些原则时，既有精到的理论分析，又有生动的案例分享。文中呈现的一个个鲜活的案例让我感到，打造理想教室的五条原则不是写出来的，更不是凭空想出来的，而是洪老师带领他的团队在"打造理想教室"的探索之路上大胆构想、潜心研究、认真实践的结晶。这些源于实践的原则，对于一线教师，尤其是班主任就显得特别有意义。如："美育原则"中融实用功能、审美功能和教育功能为一体的教室"雨伞架"的设计，"人本原则"中符合学生年龄和学段特点的班规、公约的制定，"承启原则"中关于传承国学文化的"经典诵读"栏目和富有时代气息的"班级书吧"的开辟等等，确实能给班主任老师带来更多实实在在的启发和借鉴。也正因为如此，五条原则读来让人感到亲切自然，很多内容能引起我们的共鸣，仿佛我们也曾经历过，或正在思考探索中。

特别值得一提的是文章最后部分的"岗位冠名"这一颇具创意的金点子。"丽珺讲桌""天硕饮水处"……冠名的岗位成了教室一道又一道亮丽的风景。孩子们在细小的岗位中体验着爱岗敬业的责任，在文明和谐的班级生活中感受着成长的快乐。教室，真正成了孩子们心灵的圣地，成长的沃土，幸福的家园！

总而言之，"打造理想教室"的探索是实实在在的，成果是实实在在的，给人的启迪也是实实在在的。

上海市中小学德育研究协会班主任专业委员会主任、特级教师　黄静华

第2章　打造理想教室·策略篇

精妙的教室布置设计是怎样的?

为什么这些老师能有如此精妙的设计?

精妙的教室布置设计,还有哪些?

陈　伟

电子邮箱：chenpp_101@sina.com

个人介绍：陈伟，上海市三新学校教师，任信息科技教师 11 年，期间，从事班主任工作 5 年。在教育教学工作中一贯遵循"爱与尊重是教育的出发点"。在工作中注重对教学方法的探索，对教育方式的研究。以爱心和真诚言传身教。曾获松江区教坛新秀、特殊教育先进个人等多项荣誉。

精妙的教室布置设计是怎样的？

每个人心中都有自己对经典的定义。这里所谓的经典，是教师与学生在恰当的时间所产生共鸣而形成的产物，促进了教师成长，也促进了学生发展。

一、"小伟心声"展示角——心交流，促沟通

我是一名信息科技老师，由于学校工作需要，我转变角色，光荣地成为了一名班主任。在角色转换中，种种现象触动着我。孩子们在上信息课时，阳光、快乐，有说有笑。可做了班主任之后，我看到的孩子常常是表情冷淡、无精打采，一副心不在焉、无所谓的样子。

为什么会是这样呢？我陷入了沉思。我想，是不是和当今孩子生活的时代背景有关呢？他们正生活在一个开拓、创新、充满生机和活力的社会环境下。这些孩子的优点是思想活跃，感情丰富，求知欲旺盛。缺点是这群正处于"心理断乳期"的孩子和过去的同龄人相比，更加敏感、脆弱和迷茫。在富足的生活条件下，过多的被关心与被爱，巨大的信息量，目不暇接的世界，使这一代中学生有了更多的迷惘与困惑。其实，孩子们迫切需要与他人进行情感交流，可却不知如何表达。

我想，为何不发挥我的学科优势，利用"小伟心声"展示角与孩子们沟通，为其"解惑"呢？

得益于身边一些有心的语文教师，我也尝试着学习他们的一些做法——写教育随笔。平凡的教育工作，只要有一颗细腻的心就少不了精彩的发现。

于是，我开始真实地记录教育生活中的所见所闻，所感所思，并把这些记录取名为"小伟心声"。可问题来了，写好的"小伟心声"放在哪里好呢？粘贴在墙上？第一，不能体现师生沟通的特殊性；第二，墙面粘贴的方式实在影响教室的美观。综合以上两点，我突然灵光一闪，利用班级后门闲置的角落是个好办法。这不，我用 A4 纸将"小伟心声"全部打印出来，把挂钩分别粘贴于门及墙面两侧，用木夹子将纸张夹住，并用麻绳悬挂于门后的闲置区域。这种悬挂的方式既有效地打破了班级平面布置的局限性，又不影响学生们进出教室。开门时方便进出，关门时则成了师生沟通的场所，还能装扮教室，真是一举多得！一篇一篇的"小伟心声"像风铃一样丰富着整个角落，供学生们浏览阅读，成为我与他们的另一种沟通方式。每写完一篇，我会细心地请教语文老师纠正其中的不足，本着与孩子真诚相待的想法，经过两年多的坚持，随笔竟也有将近 20 万字，这是我从未想过的事情。

"小伟心声"展示角的出现，不但提高了自己的写作能力和科研能力，更主要的是满足了孩子内心渴望沟通的需求。每当"新作"发表，同学们竞相翻阅。随笔中的主人公就是班级里的同学们，因此，读班主任的随笔，想着同学们自己的事情，教育效果便产生了。教育随笔好看耐读，同学们不时

来源：三新学校

三五成群地小声交流，足见他们渴望沟通的真诚之心。孩子们读过老师的随笔后，彼此的心走得更近，同学之间的沟通更加真诚。

➤ "小伟心声" 两篇

2016 元宵节

"火树银花合，星桥铁锁开。暗尘随马去，明月逐人来。"

——苏味道《正月十五夜》

辞旧迎新，羊年去猴年到，今天是正月十五，元宵佳节！虽然中小学正常上课，但是浓浓的节日氛围已渗透到校园每位同学和老师的心里。这不，早晨升旗仪式的主题为"传承中华文化，共庆元宵佳节！"，紧接着，中午的午会课，师生齐做元宵灯笼和有奖竞猜灯谜，校园里喜气洋洋，好不热闹！

他们暂时将书本知识抛开，认真做花灯的样子是如此可爱，我喜爱之极！生活即教育，手工亦是学习，我在一旁默默地关注。

"老师，这个花灯送给你了！"低头想一想，再看一看手里剩余的边角料，又戏谑地补充道，"这个也送给你了！"说这话的是王同学，平时是一副"女汉子"形象，但在她坚强外表的背后，又透露着十分细腻的少女心。

"怎么连边角料也送给老师了呢？"我问道。

"因为我不要了嘛！"自知不妥，却有意而为之。我深知这正是她处理这件事情的矛盾点——想送老师礼物，又有些许难为情。

"那这个花灯是不是也是你不想要，所以才送给陈老师的呢？"我于是半开玩笑地打趣道。王同学语塞，于是，同学们都笑了。

"不是的，不是的！"她赶忙解释。

这时，班级另一位同学也做好了，正一边抬手将花灯拎起来，一边仔细地欣赏。

"同学们，快看！金同学做得多好看！"我鼓励道，希望其他同学也可以好好做属于自己的花灯。

"女生，他是'女生'！所以才做得好！"因为金同学是一位胖胖的可爱男生，所以，另一位"不怀好意"的男生张同学开始起哄道。于是，全班跟着哄笑起来！

乐观、开朗的金同学依旧快乐地笑，丝毫没有被这突如其来的氛围影响到，想必他也认为自己的花灯做得精巧而正得意吧！

"说别的同学是女生的同学才最'女生'！"我赶紧替金同学打圆场。说这话时，我正盯着讲这句话的张同学，他深知我意。"哈哈哈……"同学们哄堂大笑。而"个别"同学却不明所以，认为班主任在说她，于是"怀恨在心"。她就是刚刚送我花灯的王同学。

"老师，那你说我是女人，所以你才最'女人'！"为了达到"打击报复"的目的，王同学又开始了她的经典招式——不管对方是何许人，她都一律不分长尊地用自己特有的方式与其"沟通"，以掩盖她先前的"吃亏"。我是多么的了解王同学呀！

"轰"的一下，全班爆笑出声，"这话太给力了！"或许是藏在每个同学心中的共同想法。

"你也太……"我语塞，额头布满细线。

"老师，你是不是想说，你说这样的话，我也是醉了！"善解人意的班长边笑边出面给我台阶下。

我确实也是醉了！有的时候，孩子们是如何想的，我们老师或是家长真的不可预见，也正是因为不可预见，他们才不会被外界的条条框框约束，才有意外，才有创新，才会进步！此事，我回味许久，庆幸自己教育生涯能遇见这么一群学生。这使我想起了帕克说的一段话："师徒是人类古老的共舞舞伴，教育的一个伟大收益就在于它每天都供给我们重返这古老舞池的机会。这是螺旋上升的发展的舞蹈。在此过程中，长辈们以他们的经验增强晚辈的能量，年轻人以他们新的生机充实、激发年长者，在他们的接触和交流中重新编织人类社会的结构。"

借此元宵佳节之际，陈老师祝同学们节日快乐，愿明年我们还能在一起制作花灯，共谱节日赞歌！

好事多磨"周周演"

下午第一节课下课，我正坐在办公桌前批改试卷。只见，一个高大、帅气的身影犹犹豫豫地走近我。他，正是我们班的张同学，从六年级起就一直自认为很帅，经常在班级里耍酷。如今，他已经是一个有一米七几的大个子、很有想法的大小伙子了。

"为何如此犹豫？"我心想，他一定是无事不登三宝殿。

"怎么了，张同学，有什么事情吗？"我仙人指路地试探。

"老师……"想说又说不出口，嘴里含糊不清，再配合上他特有的脚尖踢地，左手插兜，右手食指于唇边徘徊，眉头紧锁，故作低头沉思状的耍酷动作，恰似当今偶像剧中男一号的招牌动作。对张同学我是有一定了解的，我深知，他定是有难言之隐，而羞于开口。

"有什么话，你就和陈老师说吧，没事的，陈老师帮你出出主意。"我鼓励道。

"就是'周周演'的舞蹈，我和王同学……不想跳了！"终于把话说出了口，他心里似乎卸下了偌大的精神包袱，于是行为上便不再显得拘束，整个人放松了很多。

"周周演"是本学期八年级学生的主打节目。学校为了丰富、鼓励、发展同学们的课余生活，专门为同学们创设了一个展示自己精神风貌的舞台。不仅如此，学校还希望八年级的同学能在初中求学阶段留下自己闪亮的瞬间。感谢学校领导的用心良苦，孩子们真是乐此不疲！从此，八年级班班有歌声，人人有绝活，每一位同学均对"周周演"投入了极大的关注与热情。我们八（7）班自然也不例外，于是"活跃分子们"开始了忙碌的准备。每个星期三的中午，由一个班级展示。从八（1）班到八（2）班，再从八（3）班到八（4）班，依序进行。

这不，昨天八（4）班刚刚结束，张同学就灰头土脸地过来了，于是就有了上面这段对话。敢情是张同学和王同学感觉到了（4）班舞蹈节目的精彩，同样以舞蹈节目登场的他们感觉到了压力。看看躲在我旁边的张同学，他现在的样子好"可爱"。我用尽全身的力气，憋住想要笑出来的冲动，语重心长地说道："原来你找陈老师就为这件事啊！""感觉到压力了是吗？"我理解地说道。

没有言语，张同学羞涩地点头，表示认可。

"陈老师觉得，这很好啊！这说明你们对节目的质量要求很高，认识到了（4）班同学的优秀，有压力你们才会更有动力嘛！"我先是肯定了张、王两位同学善于欣赏他人的态度，并表示理解他们目前的压力。

"可是，不知你想过没有，如果你们两个人选择退出，那岂不是表明，你们在遇到困难与压力的时候不是选择知难而上、克服困难、顶住压力，而是懦弱地选择逃避！这是堂堂男子汉该有的态度吗？"用激将法先刺激一下，我想男子汉首先应该直视问题与困难，然后再冷静分析，从而解决问题。

"你们觉得他们跳得很棒，是吗？"

"嗯。"

"你们觉得你们跳得没有他们好，是吗？"

"嗯。"

找出了他们的症结，便好对症下药。

"你知道吗？上次你在班级排练的时候，陈老师有看到你在跳舞，还记得我当时说了什么吗？"

"记得！"张同学有了些底气。

"我当时就说，张同学跳得这么好啊！记得吧？"我再一次狠狠地鼓励道。

"说心里话，陈老师觉得你跳得很棒，甚至比（4）班的还要棒，知道为什么吗？"我故弄玄虚。

"因为，他们的舞蹈和你们的舞蹈风格不一样，你们的《宅舞》有你们的特色，这是他们的没有的。而且陈老师相信，你也一定是你们团队里面最出彩的一个！"鼓励不怕多，该鼓励时就鼓励，我还要趁热打铁，升华他的思想。

"退一步讲，知道学校举办'周周演'的目的是什么吗？"

"不知道！"回答虽简洁，但诚恳的表情让我意识到，他现在已经信心十足了。

"'周周演'是学校为同学们搭建的展示自我的舞台，每位同学与每个班级的机会都是均等的，轮到哪个班级，这个舞台就属于哪个班级。活动本身不求节目有多精彩，演员有多深厚的基本功，也不是比赛性质，非要分出一、二、三等奖，只是希望同学们在整个组织与表演的过程中开心、快乐，这就够了。所以，张同学，回去以后和王同学好好准备，你们一定会很出色的，陈老师相信你们！"

"好！"好一个"好"字，底气十足！

我心里彻底松了一口气。张同学走了，走时还不忘说一句"老师再见！"待门关上的一刹那，我笑了，笑得很大声，之前有意克制的情绪像开闸的洪水，恣意流淌。办公室的同事对我报以微笑，我深知那微笑的背后包含着老师对学生的理解。大笑过后，我又开始满怀欣喜地微笑，这微笑是发自心底的欣慰的笑，孩子们，老师爱你们！

二、班级小社团——小空间，大世界

班级有一批孩子非常热爱围棋，在班主任的支持下，孩子们自发组织了围棋社团，孩子们如鱼得水，切磋棋艺非常开心。可问题来了，教室的书桌桌面有点小不说，对弈的同学在下棋过程中，难免会影响周围同学的学习。

如何解决这个问题呢？由于学校教室的不同，我们班的教室相对于一般教室面积稍大一些，教室大了略显空旷，也给班级卫生管理带来不小的麻烦。难道教室大了，同学们在宽敞明亮的教室里学习，反倒成了班级的劣势了吗？多出来的面积，能不能利用一下呢？于是，我向同学们征集建议：如何充分有效利用班级后面的多余空地？小空间有小空间的精致和温馨，大空间也应有大空间的多彩和格局。在所有的建议中，利用教室后面空地建立围棋"教室"的建议吸引了我。

这不，几张桌子一拼，台布一铺，屏风立于侧面，一个围棋社团活动"教室"应运而生。既解决了场地问题，又解决了学习问题。多彩花色桌布平整铺于桌面上（亦可用图钉或是胶带将垂下的桌面收紧），4～6把椅子分别位于桌面四周，艺术屏风作为隔断，隔断的是空间，隔不断的是同学间的友情。一块小白板于桌边摆放，随时可以进行讲解或相关授课。干净整洁的图书角紧邻围棋"教室"设置，这"教室"何尝不是又一个小型的"图书馆"呢？两者相辅相成，极大调动和促进了孩子们学习和阅读的积极性。这多出来的空间不仅是孩子们的"宝地"，更是班级一道亮丽的风景。另外，这个"教室"的功能也可拓展。比如：班主任无课时可在这里批改作业；任课教师个别补缺拉差；班级没有课的时候可作为接待家长的场所；班主任驻班日活动场所；等等，真是一举多得呀！

来源：文来中学

为什么这些老师能有如此精妙的设计？

智慧来自思考，伟大出自平凡。班主任在班级管理过程中，要善于捕捉班级里发生的大小事情，不可错过任何一个学生反馈的细小问题。下面是我对班级特色布置的一些思考。

一、学生需要

根据马斯洛需求层次理论并结合多年带班经验，我从学生实际需求出发，按照学生发展的五层次需求（生理需要→安全需要→社交需要→尊重需要→自我实现需要）进行班级布置，从而制作思维导图1（见下页）。

生理需要：分为眼、鼻、坐、走等方面。如：班级布置清晰、醒目、色彩搭配合理，门、窗适时通风，桌椅摆放位置及高度调节，地面及图书角等布置不影响行走。

安全需要：分为门、窗、图书角、桌、椅、地面、劳动工具等方面。如：门窗把手和门锁等突出区域布置、边角以及易碎玻璃布置管理、书桌椅材质及螺丝或卡扣处理、地板或大理石防翘防滑管理及布置、劳动工具常规管理及损坏维护。

社交需要：分为活动和互助两方面。其中活动方面包括队员作品展示（书画字帖、获奖、队员美文等），特色主题活动（理想卡片）。互助方面包括比一比，赛一赛、好人好事、队员互助事迹等。

尊重需要：分为关心和评价两方面。如关心方面包括友情提醒（公告栏），队员心声（中队信箱）等；评价方面包括队员争章（学科类评价区

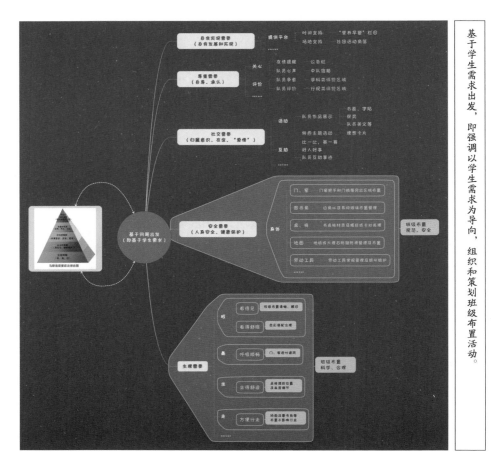

特色班级布置思维导图1

域），队员评价（行规类评价区域）。

自我实现需要：主要给予队员时间与场地的支持。"海阔凭鱼跃，天高任鸟飞"，让每位同学充分地发挥自身潜能。如学生个人的"营养早餐"栏目，社团活动角落。

班级布置没有最好，只有适合，您觉得呢？

班级布置没有模型，只有参考，您认可吗？

作为班主任，只要基于学生遇到的实际问题和需求为出发点来布置班级，就是最好的，也是最具班级特色的布置。

二、系统需要

基于创特色的班级布置，我又将其分为整体特色和局部特色，兼或硬特色和软特色。如下图所示：

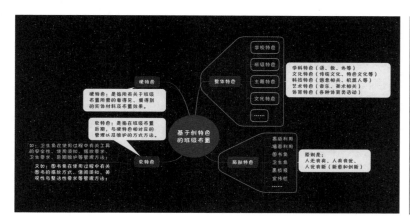

班级布置思维导图2

整体特色：包括学校特色、班级特色、主题特色、文化特色等。如：学科特色（语、数、外等）、文化特色（传统文化、特色文化等）、科技特色（信息相关、机器人等）、艺术特色（音乐、美术相关）、体育特色（各种体育类活动）。

局部特色：包括黑板利用、墙面利用、图书角、卫生角、黑板报、宣传栏等模块，原则是人无我有、人有我优、人优我新（新意和创新）。

硬特色：是指所有关于班级布置所需的看得见、摸得到的实体材料及布置效果。

软特色：是指在班级布置后期，与硬特色相对应的管理以及维护的方式方法。如：卫生角在使用过程中有关工具的安全性、使用须知、摆放要求、卫生要求、后期维护等管理方法；又如：图书角在使用过程中有关图书的摆放方式、借阅须知、美观性与整洁性要求等管理方法。

其实，作为班主任我们都知道，班级布置不是"一锤子买卖"，它更是一个动态的过程，小伟将这种模式概括为 1+1+3 模式。

一"硬"一"软"，两手抓，两手都要硬。

班级布置从来都不是一劳永逸的事儿，它不仅仅是一些硬件材质等的拼装和堆砌，还包括对硬件的后期维护及管理等软件方面的方式方法。

三"接"合，上接天线，下接地气。

班级布置有时会结合学校特色以及开展的活动，或是结合班级同学整体特点，又或是结合班主任自身优势进行。既响应学校号召，又突出自身优势及特点，布置出来的班级一定灵动非凡！

以上两幅思维导图仅仅是我对班级特色布置的一点点思考。我想，不论是基于学生需求出发，还是基于创特色出发，归根结底都是为学生创设一个优良的环境，为学生们的发展提供平台。希望对不甘平凡的你有所启发。

精妙的教室布置设计，还有哪些？

　　亲爱的朋友，如果您已经读到了这节，那么恭喜您，您已经顺利完成了关于班级特色布置的理论课学习。在此之前，我已替您走遍了多所学校以寻求他山之石，并已经经过初步归纳和整理。接下来，将这些宝贵的图片资源列举如下，供您参考。

学校特色：

介绍：中队队员争章评比卡片	**介绍**：走廊墙面展示班级荣誉
亮点：带有奉贤实验的 Logo	**亮点**：记录中队获"流动红旗"的次数
启发：激发队员的融入感	**启发**：给中队荣誉以"历史"的概念，增强集体荣誉感
出处：奉贤实验	**出处**：汇贤中学

介绍：班级门口中队介绍、辅导员寄语和班级队员合影

亮点：银星中队"流动红旗"

启发：增强集体荣誉感

出处：上外松外

介绍：每位队员班级内的争章评比

亮点：带有学校标识

启发：激发队员上进心

出处：上外松外

墙面特色：

介绍：优雅美少年队员风采展示

亮点：自己拼装制作，每期不同主题，人人有机会上榜

启发：树立榜样，激励队员

出处：汇贤中学

介绍："乐骋之声"队员心声信箱

亮点：师生沟通桥梁

启发：建言献策，吐槽灌水，满足倾诉欲

出处：汇贤中学

图书角特色：

介绍：封闭式图书角

亮点：干净、整洁，墙面线条图案自己创作

启发：充分合理利用图书角桌面空间

出处：汇贤中学

介绍：特色书架

亮点：上排可摆放其他物品，侧面可悬挂教具

启发：一架多用

出处：三新学校

储物柜：

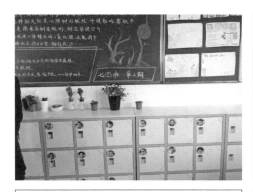 

介绍：贴有队员头像的储物柜

亮点：与传统贴学号储物柜相比较更易识别，且美观大方

启发：人性化，独立化的主人翁意识

出处：上外松外

介绍：班级侧面队员储物柜

亮点：巧妙利用闲置空间，使用方便

启发：突破储物柜在班级后面的传统，合理利用闲置空间

出处：上闵外

收纳：

介绍：课桌神器

亮点：神奇收纳，解除学生书包占用椅子的烦恼

启发：巧用空间

出处：汇贤中学

介绍：墙面收纳

亮点：可正衣冠，可存放班级小物件及报纸杂志

启发：人性化，巧用墙面

出处：大同初级中学

介绍：特色收纳

亮点：可存放学生书本、试卷及报刊杂物

启发：实用、巧用墙角

出处：新清华博世凯学校

植物角：

介绍：植物角

亮点：带特色小鱼缸

启发：使教室更具生机和活力

出处：鹤北中学

介绍：植物角

亮点：从植物的品种来划分，有许多讨人喜爱的多肉

启发：小空间小植物，大空间大利用

出处：新清华博世凯学校

黑板报：

介绍：黑板报

亮点：传统黑板报，大幅泼墨，色彩自然，锻炼队员板书、绘画及布局能力

启发：手写、手绘或粘贴剪纸，板报小天地，创意无限

出处：蒙山中学

介绍：黑板报

亮点：木色复合黑板报，节省书写时间及绘画时间

启发：无须手写、手绘，锻炼队员整体及模块间过渡及衔接能力

出处：新清华博世凯学校

介绍：黑板报

亮点：毡布黑板报，节省书写时间及绘画时间

启发：无须手写、手绘，锻炼队员整体及模块间过渡及衔接能力

出处：浦江一中

门、窗：

介绍：教室窗户

亮点：带有纱窗

启发：细节处见用心，人性化考虑，以学生为本

出处：新清华博世凯学校

介绍：教室门及桌椅

亮点：色彩明快，健康，较传统桌椅更舒适，轻便，学校统一定制

启发：人性化考虑，以学生为本

出处：新清华博世凯学校

特色栏目：

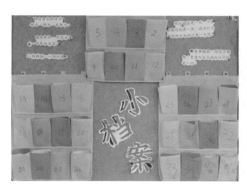 

介绍：学生小档案

亮点：学号型储物，目标、理想等卡片

启发：留住队员成长足迹，知过去，明目标

出处：进才北校

介绍：时政宣传栏

亮点：利用墙面，巧妙设计，班级特色

启发：个性化的宣传栏，班级宣传主阵地，可根据需要更改主题

出处：汇贤中学

如果把班级比喻成家，那么老师和班级里的每一个孩子，便是这大家庭

中的一员。如果把班级布置比喻成装修，那么装修的内容和风格则是由老师和孩子们共同参与完成的。班级布置是一门科学，更是一门艺术。一个班级的特色布置，是老师和孩子们思想与个性的外显。因此，我们只要做最好的自己，班级环境自会独树一帜，自成一家。

每一位有心并用心布置班级的班主任，都走在追求班级特色布置的道路上，小到一支粉笔、一盆盆栽、一本图书、一把扫帚，大到班级整体空间与环境规划，无不是从学生自身出发，结合教师自身特色为学生创设一个良好的学习与生活环境，这个环境对学生的教育影响是不言而喻的。同时，老师们也应深知，今天我们谈到的班级布置，并不是为了布置而布置，更不是为了特色而布置，只要是适合学生的、有利于学生的就是成功的。班级特色布置是相对而言的，也许我们在布置过程中，结合本班学生特点和班主任特色，在不经意间就被别人认为是特色了。学生们长期在这样的班级环境中受到影响与熏陶，便会逐渐形成良好的班级个性，这也是水到渠成的事情。这个阶段的班级对其他班级而言也许依然有特色，但对本班学生而言，则是我就是我，不一样的烟火，我爱我家，我要做最好的自己！那么，所谓特色，其实就是没有特色了！

有温度的教育

看了陈伟老师的关于打造理想教室的文章，谈两点想法。

记得夏丏尊在《爱的教育》一书中这样说："学校教育到了现在，真空虚极了。单从外形的制度上、方法上，走马灯似地更变迎合，而于教育的生命的某物，从未闻有人培养顾及。好像掘池，有人说四方形好，有人又说圆形好，朝三暮四地改个不休，而于池之所以为池的要素——水，反无人注意。教育上的水是什么？就是情，就是爱。教育没有了情爱，就成了无水的池，任你四方形也罢，圆形也罢，总逃不了一个空虚。"夏先生把办学校比作挖池塘。他认为学校老是在制度和方法上变来变去，好像挖池塘的人不断改变池塘的形状，但忽视了池塘之所以成为池塘的关键是必须有水。他认为，办好学校的关键是必须有感情，必须有爱，这是教育的灵魂和生命。年轻的陈老师，真正在用心、用情、用爱走进孩子们的内心，近20万字的"小伟心声"教育随笔，以心换心，以爱赢得爱，这是一位教育者的境界。

记得之前在北京十一学校培训时，导师李希贵校长讲了这样一件事，让学生写出每一个人最喜欢的学校十大场所。结果位居前十的基本上都是操场、实验室、电脑室、食堂、小卖部、学校小花园等，而几乎很少有学生把教室列入喜欢的场所。这一问卷令人深思，因为学生在校的80%～90%的教育教学时间都是在教室中度过的，教室应该是学生成长的乐园，是求知的神殿，但当我们将学校办到今天的时候，却发现学校不再是孩子们喜欢去的地方，教室成了学生头疼的场所，这真是一个令人尴尬的局面，也预示着教育的失败。只有5年班主任经验的陈伟老师，博采众长又善于思考，以教室的布置为班级文化建设的切入点，努力打造理想的教室，给孩子们营造一个安全而又温馨的物理空间和心理环境，教育就变得温暖而有温度。"人"在陈老师眼中是那么具体清晰，孩子们真正站在了学校舞台的正中央。

上海市三新学校校长　张爱国

第 3 章　打造理想教室·工具篇

常见的"硬"工具有哪些妙用？

必要的"软"工具——美术常识，你知道多少？

"软""硬"工具，怎么用才出彩？

洪耀伟

电子邮箱：1115975886@qq.com

个人介绍：洪耀伟，上海市德育特级教师，上海市闵行区浦江一中高级美术教师、班主任，国家二级心理咨询师。曾获全国优秀教师、上海市劳模、上海市教书育人楷模、上海市优秀家庭教育指导者、上海市优秀班主任、上海市班主任学科带头人、第二与第三期上海市班主任带头人工作室主持人、上海市金爱心教师等 20 余项荣誉。他注重家校互动，形成教育合力，得到了学生和家长的拥护和爱戴；他所带班级多次荣获上海市市、区先进班集体。2012 年代表上海市参加首届长三角地区中小学班主任基本功大赛并荣获"一等奖"。

常见的"硬"工具有哪些妙用？

"工欲善其事，必先利其器"，打造理想教室，基本的工具、装备必不可少，下图主要是教室布置和空间利用的基本工具。除了这些常规的工具，各种"神器"也层出不穷，需要我们广大师生在实践中不断创新、发现。

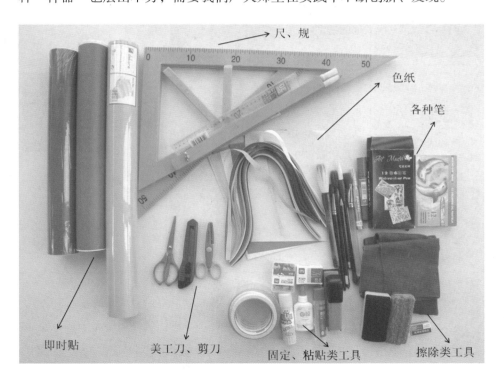

为大家推荐的神器，如表 3-1 所示：

表3-1　推荐神器

预期效果图	说明	工具图	名称	备注
	可剪出不同花边。		花边剪刀	正剪、反剪花纹不同。
	可将平整的纸卷成瓦楞纸。		卷纸器	卷波浪线用。
	将彩纸卷出不同的造型。		衍纸专用工具	先卷成圆形，再捏制成各种形状。
	不仅用来清洁，也可写字，先沾水写，再用彩色粉笔勾边。		抹布	成品。
	做各种标题、图案等。		即时贴	需要转移膜。
	贴各种标题、图案等。		喷胶	比普通胶水贴得平整。

必要的"软"工具——美术常识，你知道多少?

第一节我们介绍了打造理想教室常备的"硬"工具，除此之外，学会色彩搭配在打造理想教室的过程中也非常重要，是能否达到美观的重要因素。本节，我们就来重点了解一些色彩学方面的基础知识和运用规律，其中包括色相、明度、纯度，还有色彩的冷暖关系、对比关系、和谐关系以及各种色彩引起的观者情感反应等。这是我们需要掌握的"软"工具。

一、三原色

红、黄、蓝三原色不能由其他颜色混合而成，又称一次色。以不同比例相混合可调配出各种色彩。

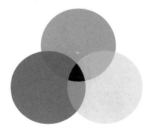

三原色

二、二次色

将三原色中任意两种原色相混合，就得到一种间色又称二次色。通过三原色表，我们可以看到，蓝＋黄＝绿，蓝＋红＝紫，黄＋红＝橙，绿、紫、橙也称标准间色。

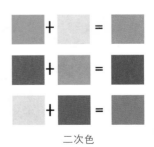

二次色

三、三次色

一种间色与另一种间色相混合，就得到了复色又称三次色。绿＋橙＝黄灰，紫＋橙＝红灰，紫＋绿＝蓝灰。黄灰、红灰、蓝灰也称标准灰色。

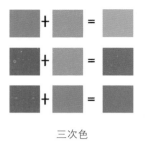

三次色

四、色彩三要素及对比

色彩的三要素即色相、明度和纯度。色相是各类色彩的形貌称谓，如红色、绿色、蓝色等；明度即色彩的明暗程度；纯度即色彩的鲜明、饱和程度，又称饱和度。

1. 色相对比

色环上任何两种颜色或多种颜色并置在一起时，在比较中呈现出色相差异，从而形成对比，称为色相对比。

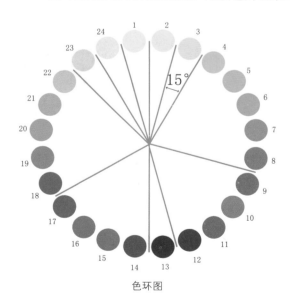

色环图

同一色相在色相环上距离角度是0°，相距15°至30°的称为邻近色；60°以内的称类似色；在色相环上，以某一色相为基准，与此色相间隔120°至150°的任意两色为对比色；以某一色相为基准，与此色相间隔180°的任意两色为互补色，互补色是最强烈的对比色。

2. 明度对比

明度对比是色彩明暗程度的对比，也称"色彩的黑白对比度"。

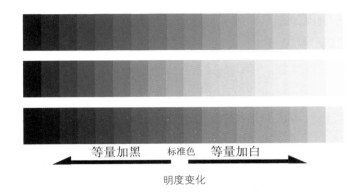

等量加黑　标准色　等量加白

明度变化

3. 纯度对比

一个鲜艳的红色与一个含有灰色的红色并置在一起，能比较出它们在鲜浊上的差异，这种色彩性质上的比较，称为纯度对比。

4. 冷暖对比

橙红色、橙色、黄色等，让人们联想到火焰、日出，使人们感到温暖、醒目、热情、活力等，被称为"暖色"。蓝色、青色、蓝青色等，让人们联想到严冬、流水，使人们感到寒冷、凉爽、深邃、平静等，被称为"冷色"。绿色和紫色与上述暖色与冷色相比，我们很难判断出它们的冷暖，因此被称为"中性色"。需要注意的是，黄绿中黄色的成分比蓝色多，蓝绿中黄色的成分比蓝色少，所以又可把黄绿列为暖色，蓝绿列为冷色。同理，红紫含红色较多，为暖色；蓝紫含蓝色较多，为冷色。特别需要指出的是，色彩的冷暖不是绝对

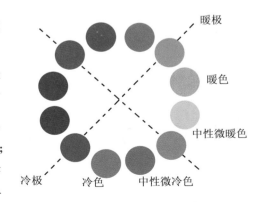

暖极

暖色

中性微暖色

冷极　冷色　中性微冷色

的，而是相对的。

5. 色调

色彩的基调就是指色彩的基本色调，也是指主要色彩倾向，它给人们提供总的色彩印象。基调是由不同的色彩通过适当的搭配而形成的统一、和谐且富有变化的有机结合，在其中起主导作用的颜色，就是色彩的基调。

一间教室，一个空间，设计布置时都要考虑其大体的色彩基调。基调的确定，主要看内容表达的是什么。比如要表达节庆、喜气，多选用以热烈的红、黄、橙为主的暖色调，因为这符合大多数人的审美常识；如果要表达沉稳含蓄、淡雅宁静的主题，则大多会选用蓝、绿、白等偏冷的色调。要注意色彩的整体效果，颜色不宜过少，过少显得单调，但也不宜过多，过多会显得花哨，做到既有协调又有对比，才能产生良好的总体效果。当然，这些不是绝对的，因为色彩搭配带有强烈的主观性和个人好恶。

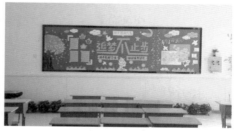

来源：江声实验学校（暖色调）　　　来源：江声实验学校（冷色调）

"软""硬"工具，怎么用才出彩？

本章的前两节，大家了解学习了打造理想教室的工具和色彩的基本知识，那么，如何将这些工具、审美常识在实践中活学活用呢？本节就以教室后方的一期"新型板材"黑板报的设计布置为例，理论联系实际，阐述打造理想教室过程中"软""硬"工具的用法。以期以点带面，能给广大师生在教室布置和空间利用设计的过程中起到举一反三的借鉴作用。

首先，来介绍一下"新型板材"黑板报。教室里传统的黑板报板材多为黑板或绿板，板报内容也多是用粉笔或广告色绘制。随着时代的发展，出现了一种"新型板材"的黑板报，这种黑板报的板材由质地松软的合成木制品制成，有的用绒布包裹，有的用质地较粗的布料或粗纤维包裹，也有的直接用板材的本色做底。这种材质的板报布置、更换起来操作简便，整体效果好，又比较环保，逐渐广受青睐。下面，结合"新型板材"黑板报的标题和小版块的设计布置进行介绍。

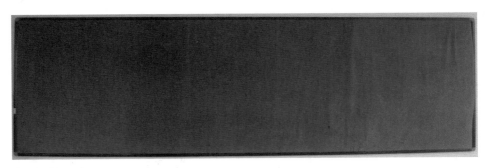

来源：浦江一中

一、如何设计好看的标题？

标题的设计制作包括大标题和各版块小标题的设计制作。

1. 标题有什么作用？

大标题是一期板报的主题，也称主标题。小标题是一个版块的主题，能起到点名主题的作用，是整块板报中特别重要的一部分。大标题是所有标题中字最大的，其他小版块标题的大小一般不超过它。

2. 标题内容如何定？

大标题的确立可以基于班级的发展目标和学生的需求而定，每期不同，也可以结合学校的发展规划、目标、要求等来制定。小标题根据各小版块的内容而定。大小标题均要求体现中心，简洁，充满艺术性和文学性。

下面，以上海市闵行区浦江一中六（8）班 2017 年新学期开学第一期板报为例，谈谈大标题的确立。本次板报的主题定为"2017 遇见更美好的自己"。为什么会选用这一主题呢？因为考虑到学生从小学升入初中已经半年多，基本实现了从小学到中学的过渡，同学之间、师生之间有了初步的了解。良好的开端是成功的一半，如何让孩子们在新学期再接再厉，更好地发展自己，经过师生共同讨论，在新年刚过的新学期开学之际，把"2017 遇见更美好的自己"作为第一期板报的主题，这不仅包含良好的祝福和寓意，

来源：浦江一中

更能提升学生的自信心，同时这也是新的一年六（8）班全体师生共同努力的目标和方向。

3. 如何具体设计制作？

视觉上首先要求美观醒目，吸引人。色彩搭配要鲜艳明快，有冲击力。有美术字功底的师生，建议手写。手写有困难的，可以打印制作，效果也不错。如表3-2所示：

表3-2　制作"打印式"标题步骤

图例	步骤
	步骤1：选择适合的字体，打印在彩色纸上。
	步骤2：反面喷胶，晾半分钟左右贴到硬卡纸上。
	步骤3：进行必要的剪切和装饰。

建议衬纸要适当地厚一些，这样制作标题比较美观也比较牢固，开门开窗或天热开电风扇时都不会吹坏，而直接打印在纸上的话比较容易损坏。

4. 如何选用标题字体？

标题文字能反映板报的内容，其美术效果直接影响板报质量，建议选用美术字体或变体美术字，不同的主题建议采用不同的字体。如表3-3所示：

表3-3　标题选字样例

体裁	特点	建议字体	举例
时事政治类	严肃、庄重	宋体、黑体等	
体育、军事类	庄严、刚毅	黑体、综艺体等	
节日、传统文化等	复古、高雅	隶书、新魏体、传统书法体等	
商业广告类	开放、张扬	变体、广告体、POP字体	
儿童、学生	天真、活泼	幼圆、彩云、变体等	
女性	温柔、圆润	琥珀、圆体、变体等	

5. 标题的色彩该如何搭配?

　　标题在板报中起着突出主题的作用,色鲜搭配明快,对比度强烈,具有视觉冲击力。这些字本身比较鲜艳,版面背景也相对较亮,如何突出主题呢？其中一种方法是用黑色勾边，就能使主标题更加突出。

色彩搭配有一定的规律可循，红、黄、蓝是三原色也是对比色，但蓝色和绿色比较接近，如果把这两种颜色放在一起，对比就不那么强烈，所以在蓝绿之间我们用红色或黄色隔开，增强色彩的对比度，从搭配上效果可能更加醒目。以上涉及的色彩搭配规律，不仅单指标题部位，在班级不同空间的设计和布置中均适用。

来源：浦江一中

6. 主标题该如何摆放？

主标题可以放在两边，也可以放在中间，还可以放在黄金分割的位置。本期板报我们考虑到标题字较多，将标题设置在了版面的正上方。

标题设置形式上要注意变化和美感，2017是直线横排，"遇见更美好的自己"是弧形排列，为什么要这样排列呢，这就涉及版面编排里的审美知识了。在绘画构图中有一个字叫"破"，意思是当画面出现了比较雷同的形状或空间后，就要用不一样的形状和空间突出对比变化，才更有美感。首先，这块黑板报板面本身是长方形的，内容版面也以方形居多，为了突出对比变化采用了弧形排列，这样就产生了变化，标题会显得更加醒目且富有美感。

7. 标题如何正确固定？

版面过大，标题容易贴歪斜，如何精准地固定标题呢？

例子中板报的底子是绒面的，所以选择用图钉或大头针等工具进行固定比较适合。固定时一是要注意不要一次固定，可先用一两个大头针简易固定，远处确认位置，确定不歪斜后增加钉子二次进行固定即可；二是要找准参照物。

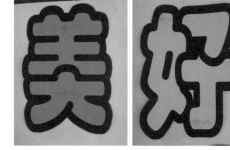

来源：浦江一中

以固定"2017 遇见更美好的自己"主标题为例。先找板报上方墙壁上的挂钟，确定整个版面的正中间，然后将 2017 这条黄色的小标题先固定好，这样固定大字时就以这条黄色小标题为参照坐标。固定大字时不要按字的先后顺序固定，本标题可以从"美好"两字开始往两边延伸，参照 2017 这个黄色坐标从中间往两边布置，就比较容易操作了，而且位置会把握得比较恰当。

另外，需要特别强调的是，固定时彩色钉子的使用也有讲究，如果字的底色是红色的，建议用红色钉子，如果字的底色是绿色的，建议用绿色的钉子，这样做是为了使色彩统一不花哨，增强整体效果。

二、小版块该如何设计布置？

各个小版块在布局时要注意内容饱满不空洞，同时要做到疏密得当，既不能太密，又不能太稀疏。绘画中讲的"疏可走马，密不容针"，就是告诉我们排版布局时的疏密对比和变化。

1. 小版块该如何布局分割？

我们可以用直线、曲线、弧形、圆形或不规则线划分版块，形成一些形式自由奔放、饱满活泼的版式，也可以用一些装饰性强的花边和图案进行分割，还可以运用切题的图案，如白云、花朵等图形的外轮廓来划分版面，这样设计可以使形式和内容紧扣，最能打动人心。前面我们已经多次提到，一定要变化对比，不拘一格，才显得灵动。

2. 小版块可设置哪些内容?

教师要对版面布置的内容胸有成竹,指导学生根据版面的空间和大小准备版面材料和内容。力求贴近学生的实际,彰显个性,体现育人功能。本次板报我们主要布置了"小荷初露""国风曲韵""快乐寒假""时政热点""先辈的旗帜"等五个小版块,这些版块不一定都是固定不变的,可以根据学生的需求以及平时学校、班级开展的活动而定。

3. 各版块如何设计选用报花插图?

一副板报,除了标题文字和内容,报花插图必不可少,它能活跃、衬托版面的内容,因此,报花插图的选用或设计是否合理直接影响到教室布置的质量。一般情况下建议根据布置内容进行选择,可以手绘,也可以像打印制作标题一样从网络上选择合适的图片打印出来后进行加工美化,直接用到版块中去。

(以上图片均来自浦江一中)

4. 小版块具体如何布置?

下面,结合小版块的设计制作,从小标题、内容、布局、色彩、报花插图等方面进行详细介绍。

板报的两端用了一副对联,"海阔凭鱼跃,天高任鸟飞",这副对联的内容符合主题,灵感来自春节前组织学生开展的写春联活动。既展示了学生的作品,又装饰了班级,切合了主题。

（1）小荷初露

这个版块是我们班黑板报的常设版块，它可以用来展示学生的作品、作业、学习成果等，旨在为学生搭建展示自我的舞台，增强其自信心。当然，这里同样也可以展示教师的作品。今年是鸡年，最上面这幅中国画"雄鸡一唱天下白"就是我在春节期间画的，这不仅是教师的一种自我展示，也是新的一年老师对学生、对班级的一种美好的祝福。同时也会让学生觉得老师能积极融入班级，进一步融洽师生关系。

来源：浦江一中

小标题"小荷初露"采用了变体美术字，把字体和荷花、荷叶的图案融为一体，这也是小标题呈现的一种形式。图文并茂，既有标题也包含了插图，一举两得。色彩上，"小荷"两字采用了渐变的绿色，"初露"两个字采用渐变的红色，两色形成了对比，同时也分别呼应了荷花与荷叶，产生了不错的视觉效果。

（2）快乐寒假

2017年春节寒假被誉为上海中小学史上最长寒假，在这个假期，我们组织学生开展了丰富多彩的活动。除了休息放松，我们希望孩子们能利用假期做些力所能及的事，比如在家中能替父母分担家务，学烧饭烧菜，照顾长辈，给爷爷奶奶捶捶背、揉揉肩等；也可以走进社区、走进敬老院慰问老人，关心弱势群体等。孩子们个个干得不亦乐乎。这个版面就是对孩子们寒假生活的一种展示和总结，内容是对孩子们假期快乐而有意义的生活的再现。

来源：浦江一中

这是对孩子积极参加公益活动和社区活动的一种认可，也是一种激励，更是一种珍藏。

这个版块采用了喜庆的橘红色做底色，烘托出喜庆的春节气氛。底色上面粘贴着学生活动的照片。小标题采用了圆体，色彩用了草绿色，同时用黑色勾边，草绿、橘红、黑色是设计上用得较多的一组对比色。

（3）时政热点

这也是我们班黑板报的常设栏目之一。我们教育学生，不仅要学习课堂上的知识，更要活学活用；不仅要做到"书声雨声读书声，声声入耳"，更要做到"国事家事天下事，事事关心"。时政新闻看似离学生很远，其实却很近。这当中有许多与学生息息相关的内容，比如教育、生活和民生。但由于课业负担重，学生们平时无暇关注社会热点和时政新闻。如何让学生足不出教室就能了解世界呢？为此我们开设了"时政热点"栏目，由学生收集时事和热点，进行简单装饰后定期推出。这个栏目像一扇窗，能让学生在课余、饭后讨论、了解国家大事；这个栏目又像一座桥，拉近了学生和社会的距离，让他们做到人在教室，心怀天下。我想，这样的教育，才能促进孩子们的全面发展，孩子们才能真正成为对社会发展有用的人。

来源：浦江一中

考虑到"时政热点"这一主题相对比较严肃，所以这个版块从底色到小标题都用了沉稳、庄重的蓝紫色。这说明选择颜色不仅只要求对比，有时也可以用协调的颜色。但颜色太统一标题就不突出了，所以就用白色勾边，这样就做到了在协调中突出主题。因考虑到这个版块是常设栏目，所以"时政热点"这个小标题是专门到广告公司去制作的，材质是 KT 板，上面的字是喷绘的，这样小标题就可以反复使用。

（4）国风曲韵

这个版块的设立源于我校举行的一次"昆曲进校园活动"。为了传承传

来源：浦江一中

统文化，艺术节期间，我们学校请来了上海昆曲团，给学生普及戏曲知识。除了观看演出，孩子们还从中了解到了许多戏曲的相关知识，比如化妆、着装等。一开始我们担心学生不喜欢这些咿咿呀呀的戏曲，但没想到，效果很好。从他们写的观后感的字里行间我们看到了他们的收获和成长。于是这个版块就成了这次活动的助推器，我们将一些写得较好的观后感整理装饰并张贴出来，以此巩固戏剧知识，传承国风曲韵，提升孩子们的艺术素养和审美能力。

本版块的内容衬底统一选用了黑色卡纸，边缘上突破了直线，用花边剪刀剪出小花边，突出曲线美，也旨在突出戏曲的柔美。在插图上，我们选用了卡通形象的戏曲人物图案，因为现在的学生对卡通形象非常喜欢，这样做也可以将传统和时尚相结合，激发学生的兴趣。小标题"国风曲韵"采用了传统的行书字体，衬底用了圆形的彩纸，在形式上和其他小标题产生对比，发生了变化。摆放上，采用了向上的弧度，这样和大标题"2017遇见更美好的自己"既呼应又产生了对比，表现出独特的效果。

（5）先辈的旗帜

2016年是长征胜利80周年，为此我校和各个班级都举行了丰富多彩的纪念和教育活动，包括观看"开学第一课"、举行"小巾换大巾"活动，旨在培养学生的爱国主义精神和践行社会主义核心价值观的意识。"先辈的旗帜"版块再现了这些活动，同时也展示了学生的心得感悟和文笔文采。希望学生们通过这个栏目，传承革命传统和长征精神，增强爱国情怀。

整个大版面是长方形的，两侧的对联也

来源：浦江一中

是长方形，小版块的内容也多是长方形的，形式一多，效果上就会显得呆板。如何"破"呢？就在内容摆放上做文章。在这个版块中，我们将内容稍稍倾斜放置，就"破"掉了方方正正的形式，产生了不一样的效果。小标题"先辈的旗帜"采用了传统的魏碑字体，更能彰显主题。衬底采用菱形的色纸，这样又在形式上产生了新的变化，整体效果愈加丰富。

综合以上几个小版块的小标题，我们可以看出小标题的形式和摆放也很有讲究，小标题字体不同、颜色不同、摆放不同，外框形状也不相同。总之，不管是形式和内容，布置教室和空间设计时有变化对比才能产生美，才会给人赏心悦目的享受。

最后，需要强调说明的是：上述"工具"的使用同样适合教室其他空间的布置和设计。关于板报的未尽事宜，会在后续"黑板报"的章节详细解读。此外，本章节的内容亦不是一成不变的，而是多元的，不是绝对的，而是相对的。其中除一部分涉及专业的美术知识，其他部分都没有固定答案，仁者见仁，智者见智，需要广大师生在实践中应用和创新。

巧用工具，美化教室

一间教室，是数十名在校学生学习、交流、生活的主要场所，应该精心设计和布置；而布置环境，就需要一定的工具。

本章中介绍的"硬"工具如直尺、圆规、美工刀、粘贴类工具等，都是常见的物件，备齐这些物件并不难，但却是必需的。

班主任工作可以说是千头万绪，布置教室只是其中之一，不能占用很多时间。按照本章中列出的几种工具，事先备好，放置在一个工具箱内，使用时可以信手拈来，不至临用时寻寻觅觅，可以省时省力。

一个年级有多个平行班，在同一时间内布置教室的概率不大，如果以年级组为单位，多位班主任群策群力，共同准备两三个工具箱，备用的工具会更多，效果会更好。

视觉产生的效果，对于调节人的情绪有很大的影响。布置教室所采用的色彩，应与内容相协调，更应符合青少年的心理特征。

青少年喜爱新鲜事物，即使教室的环境布置十分完美，如果一成不变，时间久了，孩子们也会产生"审美疲劳"，所以需要适时变更；而教室的空间利用，诸如黑板报、图书角、卫生角却是固定的，因此，充分利用色彩的变化就显得十分重要。

世上极少全能之人，我们不能苛求每位班主任老师都能通晓及掌握各方面的知识与技能，但班主任必须指导学生布置好自己的教室。本章中的"软"工具一节，是基于洪老师深厚的美术功底，他详细地介绍了关于色彩方面的知识，并付诸实践，对大家如何布置好教室，定能有所帮助。本章第三节的介绍，则展示了洪耀伟老师在设计、布置黑板报方面所做的深入研究和实践经验，是把布置教室常用到的"软""硬"工具运用自如的很好例证。

本章所述，是洪耀伟老师的实践经验，对班主任工作有普遍的指导意义，也很有现实意义。

上海市闵行区浦江一中党支部书记　傅国林

第 4 章　教室"前"黑板，如何布置？

黑板空间怎么用？

黑板的空间设置如何管理？

黑板如何保洁？

李 薇

··

电子邮箱：648140252@qq.com

个人介绍：李薇，上海市奉贤区实验中学语文教师、班主任。她喜欢静静地关注学生的点滴进步，享受他们因自己的存在而变得格外丰富多彩的成长历程；喜欢及时跟家长交流沟通，感受他们因自己的付出而对自己的认可。"努力提升教育的温度"是李薇对自己班主任工作的要求。

曾获长三角地区中小学班主任基本功大赛二等奖，上海市班主任基本功大赛一等奖。奉贤区优秀骨干班主任，所带班级和个人多次荣获市、区级荣誉。

黑板空间怎么用?

传统意义上,黑板就是一个用来板书的教具。黑板空间怎么用? 这个问题很多老师几乎从未想过。但实际上,黑板的空间利用设计得当,既可以美化教室,又可以提升教书育人的价值。

➤ 现场故事

黑板怎么能抠着擦?

这天课间,我照例来到教室。

"黑板怎么没有擦?"我又要提醒值日生了。

"老师,我擦过了!"

这哪叫擦过了? 一块黑板有的地方擦了,有的地方没擦,哪有黑板是抠着擦的?

"黑板怎么能抠着擦?"我的声调不经意间拔高了一些。

"可是 ×× 老师说这块内容不能擦。"值日生很委屈地说。

我仔细一看,黑板上保留的一些内容是对部分学生的提醒和要求,大概这项学习还有同学没有完成好,确实不能擦。

可是很快下一节课的老师就进来了:"你们班的黑板怎么不擦? 这样我不好板书呀!"任课老师一脸苦恼。

我只好让课代表先抄下黑板上的内容,下课后再誊写到黑板一侧的角上。

时间长了,我发现这些任课老师写的通知、表扬、提醒简直就是一些游走的精灵，很有用，但也很碍事。是时候该想想办法了。

于是，我在黑板的左右两边划定了两个区域，告知各科课代表如果老师们要写什么通知、要求，就统一写在左右侧。可很快班级黑板两侧就成了课代表们的"涂鸦墙"：各学科混成一团，学科通知和学生学号交织在一起，箭头与画线框丛生。这完全起不到提醒的作用了。我再一次认真地看了看黑板，发现了各学科老师书写内容的规律。于是，我将黑板的左右两侧又一次进行了细分，实践证明，这一次的调整确实方便了老师们合理利用空间，谁也不用感到烦恼了。

矮个子的烦恼

一天上语文课，我自我感觉良好，洋洋洒洒挥毫了一大黑板，写到后面，写不下了。因为数学老师为提高我班学生的计算能力，每天早上在黑板上写下3道计算题，让学生练习。当我拿起板擦准备擦那3道计算题时，立马就有学生喊道："老师，我还没做呢！""老师，我还没来得及抄呢！"……一节自我感觉酣畅淋漓的课就因为无法板书而败了兴致。

下了课我找到数学老师"理论"，建议她的数学计算题挪地儿。

我班的数学老师小蔡才工作两年，面对我这位"资深"班主任的提议，她只好什么也不说，自己搬来了一块小黑板，在上面抄起了计算题。可是这块小黑板实在引发不了同学们的关注，而且也找不到合适的地方放置，想提高我班学生计算能力的初衷也就很难达成了。

可是一想到这位年轻的数学老师的良好初衷就此破灭，我于心不忍。

这天早上，我在教室找到小蔡老师，说："你让学生积累的想法特别好，小黑板不好用，你还是写在教室前方的大黑板上吧，写高点！"

小蔡老师明显很高兴，她立马撸起了袖子，踮起脚开始写。

"不行不行，一会儿其他学科的板书肯定要碰到，再高点。"

"再高点儿……"

"还得高……"

几遍下来，小蔡老师筋疲力尽！她用哀怨的目光看着我，示意我去试试。我直接就知难而退了，就我这身高，踮起脚也高不到哪里去呀！而且高一点点也没用呀，除非移到黑板的最上方！

突然我灵光一现，为什么不让班里个子高的男生去写呢？不仅可以写数学的计算题，还可以写语文的、英语的题目呀！后来，大家再也没有为板书"高矮"问题而烦恼了。

佳豪爱上了黑板

这天早上，我一走进教室就看到黑板右上角学生的生日祝贺区域写着佳豪的名字，心里就开始期待着他走进教室后看到这一幕的情形。

临近上课了，佳豪才出现。他总是这副样子，耷拉着脑袋、拖着沉重的步伐，大大的书包像一只重重的壳，压得他透不过气。

佳豪很胖，又生性敏感，肥胖让他很自卑。他也不喜欢学习，有厌学倾向。黑板是他的目光尽量回避的地方。

佳豪走到教室门口，目光迷离地看了我一眼，有气无力地喊了声：报告。不等我回答，他就已经踱步晃进了教室，好像想尽快逃离黑板似的。我忙喊住他："佳豪，看看黑板！"他茫然地瞟了一眼，当他瞟到黑板右上角写着他名字的"生日祝福"时，我能明显感觉到有一点光在他眼中点亮，虽然他还是什么都没说，继续前行。

当他走过讲台，走进摆放了座位的走道时，同学们纷纷送上了祝福。

收作业的心怡停下了手头的活儿，高声对佳豪说："小寿星，生日快乐！"

正在值日拖地的昊昊说："生日快乐，天天进步！"

他座位四周的同学更是为他鼓掌，祝贺这位小寿星。

当佳豪转身坐好时，我看到他的嘴角噙了一丝笑意。

下午放学，我照例看了一眼黑板的"星愿"角，然后走到佳豪身边，抚着他的肩说："佳豪，再一次祝福，生日快乐！希望你以后自由绽放你独有的魅力。"我看到他的眼角有些泛红，他低下头，粗着嗓子"嗯"了一声。

我知道，今天这位小寿星收到了一份不一样的生日礼物，它来自班级所有的同学和老师，它是一份肯定，更是一份希望。它满足了每一个孩子内心深处渴望被集体关注的愿望，也让孩子有了些许的集体归属感。

黑板的右上方赫然写着：萌萌的胖胖身躯下一定有一颗豁达的心，佳豪，绽放你独有的魅力！

从那以后，我发现佳豪开始关注黑板了，我相信，在他内心深处这块黑板的温度已经有别于从前了。

➤ 实用妙招

经过一段时间的思考与实践，我将教室黑板设计成如下图所示的样子：

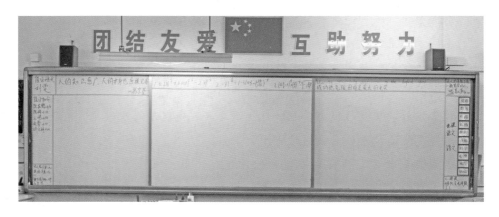

具体解释如下：

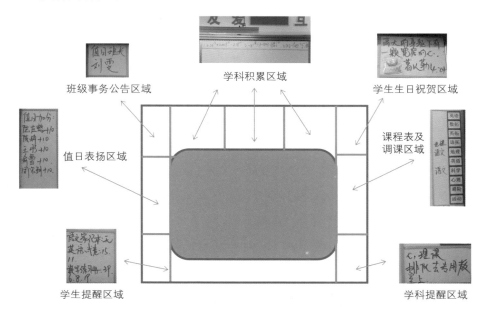

各区域说明如表 4-1 所示：

表4-1　黑板各区域说明

区域	位置特点	内容推荐	效果
	①靠入口，易关注。 ②位置高，不易书写擦拭。	①需要普遍关注的。 ②更改内容少的。 如：生日祝贺区域、班级事务提醒区域。	①满足学生渴望被关注的心理。 ②培养学生的责任意识。 ③增强班级凝聚力。
	①位置高：不易书写、不易擦拭。 ②面积大：书写内容多。	①字数多的内容。 ②更改内容少的。 ③需要普遍关注的，如：学科积累区域。	培养学生积累的习惯。
	位置适中：易书写擦拭。	变更频繁的内容。 如：课程表调课区；表扬区域。	①激发学生的荣誉感。 ②及时引发学生关注。
	①位置靠下：易书写擦拭。 ②被关注的面略小。	变更频繁的内容，如：提醒区域。	引发学生关注。
	①位置居中：受光均匀。 ②面积大。	如：学科板书。	方便书写、阅读。

➤ 黑板布局问答

01

问：薇薇老师，黑板最下方为什么不设计？

答：会被讲桌挡住，同学们看不见。

02

问：黑板布置需要什么工具？

答：磁性黑板首推"软性磁性贴"，因为它可剪裁；其次是"磁尺"，这两者都可以方便各区域空间的移动。非磁性黑板首推"即时贴"。当然也可以用尺子、笔画线，但必须贴一层透明胶带做保护层。

（软性磁性贴）　　　（磁尺）　　　（即时贴）　　　（尺子、笔、透明胶带）

03

问：设计好的各区域可以写上哪些具体的内容？

答：薇薇老师将内容列举如下，相当好用，如表4-2所示：

表4-2　各区域可选择的内容

区域	可选择的内容	举例
学科积累区域	考试学科的积累	语文名言警句、文学常识；数学计算题；英语谚语。
	班级建设的特色内容	书画特色班级、足球特色班级等可积累相关名人事迹、专业术语等。
	按学段进行的积累	以语文学科诗歌为例：六年级积累四言诗，如《诗经》；七年级积累五言诗，如《古诗十九首》；八年级积累唐诗；九年级积累宋词。
班级事务公告区域	班级事务	值日班长名字（写全名）、春秋游时间地点、看电影提醒、学生餐费收缴日期和数额、期中期末考试安排、考试倒计时等。
表扬区域	据班级现况中的薄弱环节调整内容；建议关注面广一些，不要仅出现优秀生的名字。	值日表扬、课间文明休息表扬、眼操表扬等（写全名）。

区域	可选择的内容	举例
学生提醒区域	预测性提醒	明日交"节水小报"××（昵称或学号）。
	补救类提醒	作文未交××（昵称或学号）。
学生生日祝贺区域	装饰画（贴图、手绘）； 祝福语。	 （贴图）　　　　　（手绘） 祝福语举例：你微咧着一对小兔牙时，教室的春光都亮了。小辰，炫出你的光芒。
课程表及调课区域	班级课程表及调课	原课表按时间顺序纵向书写； 有变动的科目对应原课表书写，可用双色笔。
学科提醒	建议安排在课程表区域下方； 涉及上课工具、地点等。	如：第二节地理课需要地图；第三节音乐课带口琴；第五节心理课去心理教室。

04

问：学生生日祝贺语怎么写？

答：建议写出该生的特点，这样能更好地贴近学生内心。再就学生的不足适当提出希望。如："你微咧着一对小兔牙时，教室的春光都亮了。小辰，炫出你的光芒。"这条祝贺语将小辰笑的样子进行了描摹，又因为她比较腼腆内向，所以同学们就鼓励她要"炫出光芒"。

05

问：为什么黑板上的学生名字一会儿是全名，一会儿是昵称或学号？

答：写全名的都是表扬性质的，可以激起学生的荣誉感。写昵称和学号的都是提醒性质的，让学生在心理上不抵触，起到提醒的目的。

06

问：为什么建议表扬区域不要只出现优秀生的名字？

答：表扬区应该关注班级每个学生的发展，激发他们的荣誉感。班级中等生这个群体其实是班主任日常工作中比较容易忽略的群体。他们人数庞大，如果能调动起他们，对整个班级建设有着较为显著的效果。班主任可以借助黑板这一区域，关注他们、适时激励，起到调动他们积极性的目的。记住，所有的学生都是需要鼓励的！

07

问：教室前黑板有必要精心设计吗？

答：很有必要。教室的前黑板是教育教学的主阵地，与教室的其他空间相比，它承载的教育功能更大也更明显。但是，如何通过空间的设计让这一主阵地发挥更大功能，我们教师却是时常忽略的。其实学生对黑板的内容和形式是有潜在心理需求的。

08

问：黑板空间设计时有什么原则要遵循吗？

答：内容适当，不可太多，否则会干扰到学生的视线，喧宾夺主。

➤ 黑板空间设计博览

来源：浦江一中

来源：汇贤中学

来源：交大二附中

黑板的空间设置如何管理？

黑板的空间设置设计合理了，还必须安排好人员进行内容的维护与更新。这样才能让黑板"活"起来，让黑板贴近学生的日常学习生活，牢牢吸引住学生的目光。

➤ 现场故事

瞎忙活一场的黑板布置

我很自得地将黑板设计好了，把图纸交给班级的宣传委员，希望她能带领所有的宣传组成员尽快布置出来。

同学们很卖力，踩着凳子、拿着尺子，认认真真地捣饬着。果然没多久，黑板的布局就设置好了。我很有成就感地向同学们介绍着各个区域的功能，然后对宣传组的同学说："尽快把各区域里的内容填充进去吧。"

然后我满心欢喜地期待着"新"黑板的亮相。

哪知第二天，我走进教室，黑板上还是那几个空格，问起宣传委员和组员们，他们都相互推卸责任：这个说他以为那个人会弄，那个同学又说他以为大家一起弄……反正每个人都有借口。我才发现我那自得的黑板设计已经形同虚设了！

看着还在争吵不休的学生，我立马气不打一处来，这不就是典型的"一个和尚挑水喝，两个和尚抬水喝，三个和尚没水喝"吗？看来必须"包干到人"，否则黑板空间的设计一点意义都没有。

我阻止了孩子们持续的争执，对宣传委员说道："小妍，你是宣传委员，是你们宣传组的组长。你学习好、能力强，你负责吧！你都不会弄，没人行了。"看得出小妍一脸懵圈，但在我不断灌"马屁迷魂汤"的情况下，她只好答应了。

小妍，很忙！

果然，小妍很让人放心，教室黑板上各版块的内容如期更新了。

从此我常在课间看见小妍忙碌的身影：搬着凳子上蹿下跳、向各科课代表询问任课老师的要求、向劳动委员询问值日情况……

可是一个星期后，我就发现黑板上各个区域呈现出了这样的景况：原本不大的框显得很大，里面的内容很少。一看，就是小妍在敷衍。

我找来小妍谈话："小妍，你要提高认识，要明白为班级服务是一件很辛苦但是很光荣的事。你要知道老师有多信任你……你要懂得……"

我说了很多，小妍却总是默默地低着头。

过了很久，她才怯怯地说："老师，我实在是太忙了，课间只有10分钟，可我要整理出内容，还要写上去，真的没时间。"

我看着大大的黑板，想着小妍平时忙碌的样子，心里不满的小火苗熄灭了。

"找你的小伙伴帮帮你吧！还可以培养你的领导力和你与小伙伴的协作精神……"

我向她抛出了一个又一个的"利好"消息，在我又一轮的"马屁迷魂汤"的攻势下，小妍重燃了工作的热情。

"KFC"任务单

第二天，小妍就带上她的"伙伴团"开始忙活了。

有人搬凳子，有人采集数据，有人问询学科课代表，有人泼墨挥毫……一派繁忙的劳作景象。

可是第三天，小妍找上了我："老师，小琳今天生病了没来，她负责的那块黑板内容没人完成了，您能帮我再找一个同学吗？"

急着去开会的我立马就在教室里喊了一嗓子："哪位同学愿意帮小妍？"

结果应者如云。

这不禁让我思考了起来，黑板上的内容一开始交给小妍一人，她太忙完成不了；请她的小伙伴们帮忙，固定几个人，哪知一个没来就会影响整个班级事务。既然班级中有那么多同学愿意参与，我为什么不把参与面铺展开来，既可以圆满地完成班级活动，又可以调动学生的积极性。

于是我回到班级，开始招募志愿者。

"谁愿意认领学科提醒版块？"

"我！"

"我！"

"还有我！"

……

领到了活儿的同学很兴奋，没有领到的垂头丧气。

不行！我要班级每个同学都有机会参与进来。于是我想到了制定"KFC"任务单，明确任务内容，一周一轮。就这样，黑板内容的管理制度确立，最终保证了黑板空间设置的有效性。

> 实用妙招

经过一段时间的思考，在和班委会成员探讨后，我班的黑板管理"责任制"出台。

"KFC"任务单具体内容如表4-3所示：

理想的教室

表4-3　"KFC"任务单

项目及负责人　总负责人:（签名）		周一	周二	周三	周四	周五
总负责人	班级事务告知区域	（可打钩）				
	课程表及临时通知区域					
	学科提醒区域					
	表扬区机动增补内容（　　　）					
	头一天提醒学科积累区域负责人					
学生生日祝贺区域	生活委员:（签名）					
	宣传小组:（签名）					
值日表扬区域　劳动委员:（签名）						
学生提醒区域	语文课代表:（签名）					
	数学课代表:（签名）					
	英语课代表:（签名）					
	其他学科:	（签学科名）				
学科积累区域	语文:	（签名）				
	数学:	（签名）				
	英语:	（签名）				
	其他:	（签名）				

任务单说明:

①总负责人每周更换一位。

②学科积累区域负责人:按次序（学号等）每日各更换一位,由总负责人统筹。

③矮个子同学书写学科积累,需借用板凳等工具时,一定要注意安全。

➤ 黑板空间设置的管理问答

01

问： **"KFC"任务单一般贴哪儿？**

答： 建议贴在黑板旁边，起到提醒学生的作用。

02

问： **什么时候让学生更新黑板内容、填写任务单？**

答： 黑板的内容建议在早自习之前更新，这样学生可以在早自习的时候读一读学科积累的内容。至于任务单当然是更新后让学生打钩、签名，用来自查。

03

问： **总负责人的人选有特殊要求吗？**

答： 没有，建议班级每个学生轮一次。

04

问： **我班学生字写得不好看，怎么上黑板写？**

答： 这恰恰是一次练字的机会。上黑板写能督促他们认真写字，而且字会越练越好看的。

05

问： **黑板空间设置的管理有什么要特别注意的吗？**

答： 有啊！最好能做到：工作细化、包干到人、全班总动员。

06

问： **为什么要有这些注意事项呢？**

答： 工作细化能让每块内容变得简单好操作；包干到人能让每块的内容落实下去；全班总动员是希望班级里有更多的学生参与进来。这样既能保证黑板空间设置项目的落实，也能让每个学生参与到班级的管理中来，经历由他律到自律的蜕变，同时给每个学生提供成长的舞台。

项目及负责人	总负责人 米叶子	周一	周二	周三	周四	周五
总负责人	班级事务告知区域	✓	✓	✓	✓	✓
	课程表及临时通知区域	✓	✓	✓	✓	✓
	学科提醒区域		✓	✓	✓	✓
	表扬区机动增补内容（除保健养）	✓	✓	✓	✓	✓
	头一天提醒学科积累区域负责人	✓	✓	✓		✓
学生生日祝贺区域	生活委员：（签名）	仰日	仰日			仰日
	宣传小组：（签名）	郭研	郭研			郭研
值日表扬区域	劳动委员：签名	胡天真	胡天真	胡天真	胡天真	胡天真
学生提醒区域	语文课代表：（签名）	米叶子	米叶子	米叶子	米叶子	米叶子
	数学课代表：（签名）	夏永聪	夏永聪	夏永聪	夏永聪	夏永聪
	英语课代表：（签名）	顾陈婷	顾陈婷	顾陈婷	顾陈婷	顾陈婷
	其他学科：	科学	历史思品			
学科积累区域	语文：	沈妙妙	陈朋宏		周晓东	刘磊
	数学：	潘小号				
	英语：	严思诚		王益	黄泽浩	郭刚
	其他：	陈火辉		壹成好		韩公修

任务单说明：

① 总负责人每周更换一位。

② 学科积累区域负责人：按次序（学号等）每日各更换一位，由总负责人统筹。

来源：奉贤实验

来源：奉贤实验

黑板如何保洁？

擦黑板历来是个令人头疼的事情。传统黑板，擦起来灰尘四起；新型白板，擦过后总有褐色残留物。怎样才能不再头疼擦黑板的事儿呢？

➤ 现场故事

我被家长投诉了

这件事发生在很多年前，那时我走上教师工作岗位还不满 3 年。

那天中午，年级组长找我们班主任开了个短会，说政教处接到一个"匿名"的投诉电话，某个班级的学生家长在电话里很气愤地说，她女儿所在班级的班主任给她女儿安排的值日是擦黑板，惹得她女儿咳嗽，所以她质问学校领导为什么黑板要让学生擦，而不是老师自己来擦。

听完年级组长对这通投诉电话的陈述，我们班主任都很是愤愤不满，认为现在的家长真是太宠爱孩子了，我们老师小时候哪个没有擦过黑板，擦个黑板算什么。

针对这个家长的投诉电话，年级组长建议我们班主任回到班级后一定要征询一下值日生的意愿，对那些表示出不喜欢现在的值日岗位的学生，要进行岗位调换。

当时我很不理会年级组长的这个建议。我认为值日是每个学生的义务，学生不管分到什么工种，都应该把它做好，而不是挑三拣四。换言之，你不喜欢做这个值日，那凭什么让另一个同学去做你不喜欢的值日呢？最重要的是，学校不应该纵容家长这样宠爱孩子，这种教育是不对的。

所以会后我并没有接受年级组长的建议，既没有问询值日生们的意愿，也没有做任何的调整，一切都保持原样。我还在脑子里回顾了一下我班两位擦黑板的值日生小兰、小宇平时的个性、表现，想着他们一丝不苟很认真的样子，我认为那个匿名电话不会出自他们两个的家长。

一个星期后，政教主任找到了我，说我们班小兰的家长怒不可遏地打电话投诉，说我长期让她女儿做有损身心健康的值日，而且屡次提醒、警告我，我还都不理会！

原来那个匿名电话要投诉的人竟然是我！

总也擦不干净的黑板

知道自己就是家长要投诉的人，我心里很不舒服。我只好接受年级组长的建议，回到教室开始问询。最终确定了一个愿意擦黑板的同学——小炜担任值日生。

对小炜的工作我只能说，他的态度是非常好的，但是实效方面差了点。

经他之手的黑板，由原来的黑底白字变成了一幅灰蒙蒙的泼墨画。有时，黑板上还有一大块一大块的水渍，根本没法儿板书，问他，他说黑板太脏了，是时候给它洗个澡了。说得我哭笑不得。经他之手的黑板擦，从原本的绒毛簇簇变成了结实的一块板，粉笔灰黏在上面拍都拍不下来，得"抠"或"刮"。经他之手的黑板槽及其下方的墙壁和地面上，那是一片狼藉……是他懒惰不值日吗？绝对不是！你看，一下课黑板前就活跃着小炜努力的身影。可是，经他之手后的教室，同学们各个捂着口鼻、夺门而逃，唯恐避之不及。

而我，还不能批评他，以免打击他那可贵的工作热情。

怎么才能把黑板擦干净呢？望着这一面墙的大黑板，我感到束手无策。

白板变身记

好在我的困惑并没有持续多久，因为我们学校的黑板变白板了！

随之发生改变的还有同学们擦黑板的态度：没有了漫天飞扬的粉笔灰，同学们都争着要做这个"受人瞩目"的值日生。

为了能满足同学们对"新鲜事物"的好奇心，我安排全班同学按学号每天轮流擦白板，建议他们组团合作擦白板。反正只要他们能开心地把白板擦干净就行。

于是最初的几天，白板前簇拥着满满的学生，他们有的喷清洁剂、有的用白板擦蘸水擦拭、有的用干湿两位挤出板擦上多余的水分。那几天的白板也光彩照人。

没过几天，同学们的新鲜劲儿过去了。装白板擦的塑料盒里，全是粘稠的泡沫；讲桌上全是清洁粉末；白板上布满了褐色的残留物。我才发现这块白板比当初的黑板还难清理干净！

看来光靠同学们的原发热情是完全不够的，一定要采取适当的管理措施，确保班级黑板、白板变得干净。

于是，我同班委会成员进行了交流，了解到了这块板总也擦不干净的原因。一是同学们反映他们不知道用什么最快最好的方法来擦；二是他们希望能有一个更为科学的值日标准。不能是一天，否则刚知道怎么擦干净，第二天又换人了；也不能始终安排一个人，时间太长，很乏味。针对班委会成员说的，我做了一些调整。

很快，我班的白板华丽丽地变身了，又变成了之前又白又亮的美丽模样。

➤ 实用妙招

常见清洁工具及相关任务要求，如表 4-4、4-5 所示：

表4-4　常见清洁工具

清洁内容	具体工具	
黑板	黑板擦、抹布	
白板	白板擦、白板清洁剂（或清洁粉末、调配瓶）、白板擦干湿两位、湿抹布、干抹布	
凹槽	黑板凹槽	刷子、湿抹布
	白板凹槽	报纸（或废旧试卷）、湿抹布

表4-5　任务要求

黑（白）板	① 课后及时擦。 ② 擦过后应完全看不出字迹。 ③ 每天放学后用湿抹布清洗。 ④ 所有值日生每周轮换一次。
黑（白）板凹槽	① 每天放学前清理干净。 ② 无粉笔灰、残留物。

➤ 黑（白）板保洁的问答

01

问：擦干净黑板的步骤是什么？

答：先用黑板擦，再用抹布擦。

02

问：擦白板的步骤呢？

答：①将清洁剂喷在白板上；②用白板擦擦拭；③用湿抹布擦，擦去清洁剂残留物；④干抹布擦。

03

问：清洁白板凹槽时，报纸怎么用？

答：白板书写的油性笔和清洁粉末化学反应后会生成一种褐色残留物，时间长了会在白板凹槽处结块，可用报纸包裹弄出并擦拭。这样可以起到保护值日同学的手的作用。

04

问：白板用笔有要求吗？

答：千万不能用油性笔。

05

问：值日生在安排上还有什么注意的吗？

答：黑板保洁其实是有一定的形象意义的。任课老师来到一个班级，教室的黑板是否干净会影响到他对整个班级的印象。所以黑板保洁需要有耐心、做事认真的学生来完成。当然班主任也可以刻意去挑选缺乏这些特质的学生，借此培养他们。只是在确定人选之前，建议班主任要征求他们的意见，并强化安全教育，培养值日生的责任意识和安全意识。

➤ 黑板保洁博览

黑板保洁：

先用黑板擦

再用湿抹布

晾干或用干抹布擦拭

完成！

（以上图片均来自奉贤实验）

白板保洁：

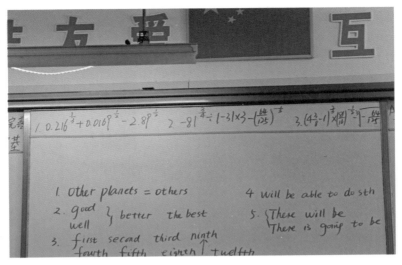

好多字，要擦干净哦！

在装有水的调配瓶中倒入清洁粉末

摇匀

将药水涂抹在白板擦上

在白板擦干湿两位上挤掉水分

擦白板神器来了！劳动真是轻松又开心！

（以上图片均来自奉贤实验）

黑板槽保洁：

卫生死角？上神器！

果真！工欲善其事，必先利其器。

（以上图片均来自浦江一中）

白板槽保洁：

白板槽怎么能这么脏？

倒入清洁药水

废旧试卷来帮忙

湿抹布反复擦

什么也不用说了，上图！

（以上图片均来自奉贤实验）

黑板的"前世今生"，想知道吗？

有学者研究认为，第一块真正的黑板是由苏格兰教育家詹姆斯·皮兰发明的。第一项黑板专利由美国教育家赛缪尔·豪尔注册，距今约200年。从此，当人们走进教学、培训、演讲、会议、宣传等这些需要信息交互的场所，都能看见"黑板＋粉笔"这两个如影随形的工具。它简单方便，可以居庙堂之高，也可以处江湖之远，为人类传播知识，普及教育，立下了汗马功劳。可以说，黑板的出现是教育史上极为重要的事件。

也许是"板书工具"的唯一性，自有黑板以来，人们对它的兴趣只在材质、形制和色彩上。因为可以反复擦写，教师对黑板空间的使用非常随意，也少有兴趣去研究如何更好地使用这块有限的空间。放到这样的背景下来关照，首先，李薇老师对"教室前黑板空间设计利用"的研究，看起来是非常"小众"的。但是从"温馨教室"建设的角度看，空间设计首先让黑板的"三边两角"有了规整，显得整洁、美观，体现了班级文化的品位；其次，因为有表扬区域、学生生日祝贺区域、提醒区域等内容的日常更新，能够呈现积极进取、真诚关爱、团结合作的班级氛围，这种氛围会直接影响学生的情绪情感以及学生的思想观念和行为方式；再次，李薇老师把黑板的空间设置管理和保洁交给学生，契合"知行统一"的理念，能够在潜移默化中影响学生价值观念、道德素养的形成。由此我们可以说，李薇老师对"教室前黑板空间设计利用"的研究，指向了"教书育人"这一共同价值，尽管"小众"，但是很有意义。

2000年，伊朗导演莎米拉·马克马巴夫的《黑板》在戛纳电影节上备受瞩目，影片讲述的是几个教师背着黑板流浪在两伊边境上寻找学生的故事。黑板既是教育的象征，有时还能反映一群人或者一个国家的命运。进入数字化时代，投影仪和多媒体技术相结合，交互式白板日渐普及，黑板的地位慢慢被动摇，但不论黑板最后是否会真的消失，它都已经在我们关于学与教的记忆中留下了深刻的痕迹。

上海市特级校长，上海市奉贤区实验中学校长　陈琳

第 5 章　教室墙壁，怎样布置?

哪些墙面可以用?

教室墙面布置什么?

如何布置教室墙面?

教室墙面布置如何维护和更新?

罗 燕

....

电子邮箱：286139257@qq.com

个人介绍：罗燕，上海市奉贤区汇贤中学美术教师兼班主任，中教一级。2012年9月，荣获奉贤区师德"五表率"先进个人。2014年6月，荣获奉贤区中青年课堂教学评比一等奖。2014年10月，参加上海市中青年教学评比，获三等奖。在班主任队伍中是一个坚持不懈的淘金者：2014年6月，所带班级九（5）绝影中队荣获区级"优秀中队"称号；2016年5月，所带班级六（6）乐骋中队荣获区级"先进中队"称号。

哪些墙面可以用？

教室里的每一面墙壁都可以发挥教育的功能。每一面墙都应该被恰如其分地利用起来，作为班主任应充分发挥它们的审美和教育功能。

➤ 现场故事

被忽略的那面墙

新学期不久，我们便得到了要检查教室布置的通知。

对我们而言，这可犯难了：其他的墙面倒还好说，可是那面墙……

那面斑驳、发黑、带着污渍的墙壁还杵着一根落水管，我们称它为"水管墙"。那里，一度成了无人问津的班级"死角"。

这该如何是好？

"不管它了，原本就是这样的，我们也没办法！"

"那怎么行，太难看了！"

"把墙刷一下吧！"劳动委员突然灵光一闪。

"墙这么脏，必须要用专业工具，否则，我们刷了也是白刷！"

"那我们集资买个书柜放那吧，既可以放书，又可以遮挡。"

"太贵了，应该想一个更巧妙的方法。"

学生们七嘴八舌地发言，突然激发了我的灵感，为什么不用学生最感兴趣的内容、最价廉物美的材料去改造这个区域呢，我暗暗想，一定要让这个死角"活"起来。

一番改造之后，这面墙变成了教室里的"美术展览馆"，旧貌终于换新颜，一度成为了师生常常驻足观赏的一道风景。

"水管墙"的启示

"水管墙"的改变，让整个教室变得"怪怪"的。

这几日的课间，班级里一改常态，学生们都围在"水管墙"那里，看着、说着、笑着，久久不愿离去。

我突然意识到，一面精心设计布置的墙面，竟然对学生们有如此大的吸引力！那何不多开辟几个这样的区域呢？

于是，我带领学生们寻找教室四周还可以进一步利用的墙面空间。

"老师，两边侧墙中间的那块狭窄的墙面，可以开发。"

"我觉得门后面这个隐蔽的墙面，可以利用一下！"

"老师，我提议，这个区域的墙面可以结合这个地方的功能，好好打造一下。"

……

孩子们一个个大胆的想法，让大家脑洞大开，我们很快确定了几种方案。

随后我们便对几个墙面进行了精心的布置和设计，没想到这些巧妙的布置，却带来了意想不到的效果，既装点了教室，也给同学们提供了更多展示和欣赏的机会。

教室"变身"记

又快到一年一度的班级迎新晚会了，教室装饰与布置一定是少不了的。一周前，几个孩子主动请缨布置教室，从那以后，我也一直没有过问。

明天就是元旦，班级怎么一点动静也没有，丝毫没有节日的气氛。看见其他班级忙前忙后，我不禁觉得有些失落。

"我们的教室还布置吗？"我有些急切地问。

"老师，简单布置一下吧。"

"什么时候布置？"

"放学后。"

放学后这么短的时间里，能布置些什么呢？所以，第二天一早，我没有一丝期待，像往常一样来到教室。我发现，窗户已经贴上了窗花，门上已经挂起了彩带，黑板上也画上了图案，写上了标题。不管怎样，总算是装饰了一下，可始终觉得节日的氛围不够浓厚。

再看桌上还放着很多的彩带和根本没吹过的气球。几位同学表示这些是剩余的材料，他们已经布置完了。

本着不浪费材料、增强节日气氛的想法，我带领孩子们又进行了新一轮的补充布置。彩带被我有序地粘在了房梁和窗户上面的那片墙上，气球也被我组合成了图形，粘在了一些空白的墙面上。材料用完的同时，整个教室也因为进一步的布置，节日氛围更加浓厚了。

➢ 实用妙招

利用墙面进行布置，大家可以参考以下两张效果图：

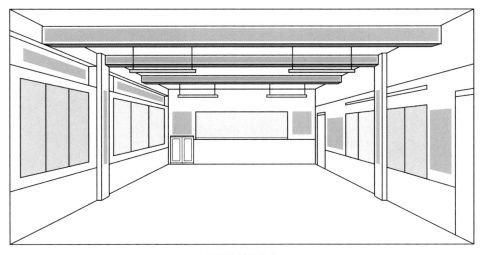

（从后往前的角度）

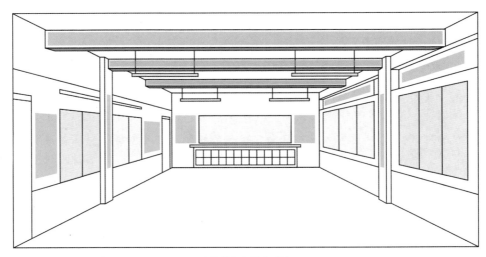

（从前往后的角度）

（备注：所有绿色标识的区域都可以合理地加以利用。）

➤ 墙面使用问答

01

问：教室外面的墙壁可以用吗？

答：当然可以。这里可以成为班级的"窗口"。

02

问：教室天花板应该用不到了吧？

答：偶尔也可以用。比如，节日活动的布置。

03

问：教室里还有哪些墙可用？

答：教室墙壁下方的墙围也可以用。

04

问：教室墙壁使用的意义？

答：充分利用墙壁来进行教室布置，和同学们一起创设一个融知识化、个性化、情感化（家庭化）、自主化为一体的教室环境，从而开拓学生的思维，增强学生的学习效果，增进师生间的情感，陶冶学生的情操。

➢ 墙面使用博览

来源：汇贤中学

来源：汇贤中学

来源：江声实验学校

教室墙面布置什么？

教室墙面有着"随风潜入夜，润物细无声"的教育作用。如果教室墙面布置的内容选择不当，会直接影响学生心理的健康成长，进而影响他们的学习、生活，甚至人格的形成。

➤ 现场故事

千篇一律的教室

再过几天，学校就要对我们年级的教室环境布置进行评比了。

几位班主任一致想到了布置教室的一大"神器"——励志墙贴。网上一搜，各色各样，应有尽有。

挑选、购买、张贴，大家迅速完成了教室的布置。当我们暗自窃喜时，评比的日子到了。

每位班主任全程参与了教室环境的评比。跟随着评委的脚步，我们一间教室一间教室地看着，可所到班级，竟极其相似！那些教室无不前后左右都贴满了类似的励志贴。甚至，有几个教室出现了"撞贴"。作为班主任的一员，我感到非常尴尬。

评委们在看完了所有的教室后，表示无法评判。

最后，我们年级被告知：整改，延后一周再进行评比。

这件事情深深地触动了我。

本应该有着鲜明个性的班级文化，因为一样的教室、一样的校服、一样的布置，而显得那么得雷同！教室环境评比的真正目的是以学生为主体，打造有特色、有美感的班级环境，从而达到环境育人的目的。整齐划一的布置，似乎已经失去了班级文化建设的本来意义。于是，学生的需求成了我接下来教室环境布置的出发点。

照相馆的"橱窗"

接下来的教室环境布置，我就开始考虑以学生的需求为出发点了。学生的需求又是怎样的呢？我思考了很久，还是没有方向。

带着这样的想法，我把这次教室环境布置的任务，全权交给了学生。两位宣传委员很快便向我反馈了同学们的意见。

大家都认为，入学那么久，我们共同参与了很多活动，每一次都很难忘，应该重温一下，让大家再一次感受我们班级团结、拼搏的精神。

接下来的几天，由于比较忙碌，我根本没有时间去关注孩子们的进展。

评比前夕，当我走进教室，映入眼帘的是四周悬挂的琳琅满目的照片，凑近一看，全部都是入学以来的活动掠影。恍惚间，我像是走进了一间照相馆，而每一面墙，似乎成了照相馆的橱窗。虽然，这些照片能让学生驻足围观，可内容和形式上的单一，最终没有让我们在这次评比中获得好的成绩。

这次评比的失误，促使我带着学生开始反思教室布置的出发点。其实在我们原有的基础上，可以设置更多具有启迪性、激励性的内容，那样，会更有教育人、熏陶人的意义。

照片墙的变迁

花了很大力气布置好的教室在评比中却没有获奖，学生们显得有些沮丧。于是，我召集学生们就这样的评比结果进行了分析：怎样才能把教室布置的内容丰富起来呢？

在大家又一次热烈的讨论中，宣传委员似乎也明白了评比没有得奖的原因。于是，他告诉我，他要重新布置，希望我能给他一些建议和帮助。

我被他的精神深深地打动了。

我建议他，不要全盘否定之前的工作，只要在之前的基础上，进行相应的调整就可以了，让看上去固定不变的照片墙"活"起来。比如，之前的照片保留一部分，另外一部分可以换上大家的集体照和任课老师的照片，可以每一学年换一次，这样还可以作为我们成长的见证呢！还有一部分，可以根据阶段性考试的成绩，定期换上优秀及进步学生的照片……就这样，在这两块墙面改版之后，宣传委员似乎找到了灵感，整个教室的照片墙，被进行了主题式的划分。于是，整个墙面无论是在内容还是形式上，给人的感觉都显得丰富多了。

照片墙的成功变迁，给同学们带来了更多的期待，也给我们的教育带来了更多的可能性。

➤ 实用妙招

教室墙面布置可参考表 5-1：

表5-1　布置类别与内容

类别	内容
标语、口号类	励志标语
	班级口号
	班级精神
展示类	活动掠影（学校活动、社会公益）
	获奖照片
	美术类习作
	文学类随笔
	行规礼仪风采展
班务类	课程表、调课单
	值日生名单
	大扫除名单
	作息时间表
	班级日志
	班级公约
	班干部名单及相关职责
	各类通知

类别	内容
时政类	国家新闻
	地方新闻
	学校新闻
	新闻评论
	各大节日
互动类	留言箱
	特别版块
	师生留言榜
	课堂知识小互动
装饰类	手绘或墙贴 图案

➤ 墙壁布置的相关问答

01

问：教室外的墙壁上布置什么？

答：可以张贴班级名牌。如：班级简介、班级精神、集体照、班徽等。

02

问：如果想要营造班级读书的氛围，该布置些什么？

答：有关阅读的名人名言、读书笔记展示；读书小报展示、自家小书橱展示、阅读之星的表彰等。可依照不同主题，选择相应内容。

03

问：教室墙壁上可以悬挂钟表吗？

答：可以。建议悬挂在教室的后墙上。

04

问：可不可以任由学生在墙壁上布置他们想布置的任何东西？

答：可以自主，但不可以放任。教师要进行必要的引导。教室墙壁布置的内容虽然要尊重学生，但不能没有导向，要把握好度。让教室成为潺潺流淌的小溪，不断带给学生新的营养、新的风景，我们要在充分尊重学生的基础上，充分扩大其育人的价值。

➤ 墙面布置博览

来源：交大二附中

来源：上外松外

如何布置教室墙面?

具有美感、经得起推敲的教室墙面布置，体现了一个班级精神文明建设的水平，而无序凌乱的布置则无法建立起良好的育人环境。

➤ 现场故事

遥不可及的作品

这学期，我很想在班级里营造写字的氛围。

为此，我特地抽了整整一节课的时间，精心准备了硬笔和软笔两套工具，进行了一次正规的书法比赛。同学们的书写格外卖力，教室里出奇的安静，因为大家都想让自己的书法作品得以展示。

本着鼓励大多数同学的原则，很多作品都得到了展示的机会。第二天，我把一沓需要展示的书法作品交给了宣传委员。

两位宣传委员倒也非常给力，第三天就兴致勃勃地跑过来邀请我去欣赏他们布置的成果。

待我走进教室，看见垃圾桶那边的一面白墙上，从上到下贴满了学生的作品，硬笔的、毛笔的，交织在一块。最上面的几幅，我连看都看不清，更不要说知道是谁写的了；最下面的几幅，刚好和垃圾桶持平，而且连个主题也没有，就这样简单地被固定在了那里。

我并没有打击这两位新上任的宣传委员，提了点建议之后，也并没有多说什么。可每每看到这个区域，总有种不忍直视的感觉。没过多久，同学们也都纷纷反映，靠近垃圾桶的那几幅作品，似乎日渐败落，那一片越发的不美观起来。看来，这次的墙面布置不仅没收到预期的效果，还事与愿违了呢。

于是，我带领同学们进行了整改，把整个区域重新进行了规划。贴上了主题，配上了装饰，更重要的是，把触目可及的作品换成了原本遥不可及的作品。于是，那些贴了很久而没有被关注的书法作品，仿佛得到了重生。

跳舞的口号

走进隔壁班级，明显可以感觉到有一种催人奋进的力量环绕在同学们的周围。诸如"每天唤醒我的不是闹钟，是梦想""将来的你一定感激现在奋斗的自己""赢在执行力"这样的励志口号随处可见。

我想置身其中的同学在自己最无助的时候，可以看看这些标语，一定会让自己满血复活，充满动力吧。

可这些精美且充满斗志的口号在这个班级的存在显得有些摇摇欲坠，因为每一张墙贴都只是借助有限的几片透明胶被半固定起来。窗户一打开，更是随风起舞，随时随地都有掉落的可能性，美观程度可想而知。再仔细观察这个教室所有张贴的东西，都呈现出这样的"风格"。

完美主义的我禁不住这样的视觉挑战，和学生打趣道："看来你们非常好客啊！走进你们的教室，所有的东西都在跳舞迎接我呢！"

"老师，为了不破坏墙面，我们只是稍微固定了一下，但确实感觉不太美观，我们也很困扰。"一位同学为难地说道。

于是，作为一名美术教师的我手把手地教会同学们如何布置才能既保持美观又不破坏墙面。怎样通过加大透明胶的使用更好地固定住这些张贴物。由此，那些标语口号终于得以被很好地固定在墙面上。这个困扰同学们的问题总算解决了。

无辜的挂钩

在同学们的建议下，我们班级的前后门后面都挂上了一排挂钩，前门可以悬挂一些班级的日志、家庭作业记载本，后门则方便悬挂一些抹布。这一小小的举措，让班级变得更加井然有序起来。

我们都觉得这小小的挂钩，帮了大家大大的忙。

可没过多久，一位同学却因为挂钩受伤了。

事情是这样的。

课间，小安得知自己的名字被记上了家庭作业记载本的黑名单，于是自说自话要去把它划掉。

尽职尽责的课代表，说什么也不让小安这么做，并且让小安去老师那里找到家庭作业，给他看过后方可划去。

可小安一口咬定自己是交了作业的，根本不用去老师那里。

课代表也是始终坚守自己的原则。

一来二去，门后面两个固执的少年，一个感觉自己不被信任，一个感觉自己的权威被挑衅。结果谁也不服谁，推推搡搡了起来，不经意间，课代表的后背蹭到了挂钩上。因为是夏天，单薄的衣服根本无力阻隔坚硬的挂钩，他的后背被划出了一道深深的划痕。

事情发生后，我做了紧急的处理和教育。同时，也让我意识到班级布置中所存在的安全隐患，在使用方便的同时，我们更应合理地考虑放置的安全性。

于是，前后门的挂钩被拆除。与此同时，在更为安全的角落，我们为新的挂钩寻找到了更适合的"居所"。

> ➤ 实用妙招

布置教室的墙面材料可参考表5-2：

表5-2　材料工具参考

材料	图片	名称	功能
常规材料		厚、薄彩纸	制作主题文字，打印文档。
		剪刀	纸张的裁剪。
		马克笔	双笔头设计，色彩艳丽，便于上色。
		固体胶、双面胶	用于纸张的粘贴和固定。
个性化材料		喷胶	比双面胶、固体胶粘贴平整。
		花边剪刀	可以剪出漂亮个性的纸张边缘。
		网格片	可悬挂并张贴照片等物品。
		相片框（磁性相框、卡纸相框）	好安装，不伤墙。

材料	图片	名称	功能
个性化材料		小黑板	用于教室个性化小版块。
		手工麻绳 迷你木夹	无限创意。
		挂钩	用于一些版面的固定。

不同区域的墙壁内容布置，可参考表5-3：

表5-3　不同区域的墙壁内容布置

墙壁位置	特征	使用内容	备注
前墙 （黑板上方）	醒目	班级精神	可以是充满人情味的话语。
前墙 （黑板右侧）	易于查看 较醒目	常规班务类物件	应固定区域张贴出来，便于师生了解使用及更换。
前墙 （黑板左侧）	虽触目可及， 但不是必经之地	重要的、阶段性使用和更新的物件	可以是图书角相关的物件。
右侧近前门和近后门两块墙壁	仅对内开放、区域较大	可以开辟展示类的内容	展示的面要广一些，除了展示优秀，也应展示进步。
右侧墙壁 （中间立柱）	仅对内开放、较狭窄	可以布置互动类的内容	不能只当成摆设，应让其"动"起来。

墙壁位置	特征	使用内容	备注
左侧墙壁 （中间立柱）	对外开放式	展示班级的班训目标	简洁、明了。
后墙 左右两块白墙	巨大的存在于学生身后	争章类、主题类或时政类	根据班级想要营造的氛围，开展相应主题的竞争。要注意及时更新。

➤ 墙面如何布置问答

01

问：纸张之间用双面胶粘贴总是不平整，怎么办？

答：喷胶是一种非常不错的选择，网上可以购买。

02

问：主标题怎样设计才会醒目？

答：第一，跟颜色有关。注意两种颜色的选择：一种是字的颜色，另一种是作为衬底的纸的颜色。一般推荐使用反差较大的两种颜色。

第二，跟主标题的字体、大小有关。主标题一般可以书写得大一些，字体可采用变体美术字，以起到醒目的作用。

03

问：教室墙面布置，色彩有什么讲究？

答：色彩和谐统一为宜，清新淡雅为主。

04

问：教室墙面布置的材料哪里来？

答：可以让学生搜集一些经济实惠的材料。

05

问：墙面展示区，是不是要展示不同层次学生的作品？

答：是的。我们要把教育的阳光雨露洒向每一个孩子。展示区是为每一个学生提供展示的平台，而非一部分学生的专场。我们更应该关注中等生和后进生，唤醒他们向上的动力。如果能利用好的话，我们就可以将教育行动化作轻盈的和风细雨。

> 墙面布置博览

来源：李文斯顿美国学校

来源：奉贤实验

来源：奉贤实验

来源：奉贤实验

教室墙面布置如何维护和更新?

　　教室墙面布置只有定期维护和更新，才能持续发挥它的育人功能和价值。如果一次布置之后就一成不变，那么教室墙面的内容将会形同虚设，失去其存在的意义，最终，也将违背我们的教育初衷。

➤ 现场故事

不一样的声音

　　教室成功布置后的两个月，迎来了我的主题教育公开课，同时也迎来了数十位同行班主任。

　　下课后，听课的老师并没有马上离去，他们被我们教室的布置深深地吸引了，大家纷纷驻足欣赏，每一面墙的布置，都让大家啧啧称赞，几个孩子更像是热情的小导游，一直陪同着、解说着。

　　"你觉得你们教室漂亮吗?"

　　"很漂亮!"

　　"不仅漂亮，而且我们下课后看着教室四周的布置，聊的话题更多了。"

　　"教室四周每个版面都很有意思，我喜欢。"

　　突然，沉默了半天的小哲说："老师，我觉得现在看的同学越来越少了，我觉得已经不好玩了，你看，那几幅画其实已经挂了很久了，都没有换过，还有那几张同学的照片……"

　　小哲不一样的声音，与此情此景显得那么不协调，可是，他却说出了我内心的真实想法。只有引起学生关注的东西，才可能对学生施加影响。如果长时间一成不变，终将无人问津，失去其教育的功能，存在的意义。从那之后，无论学校有没有相关的要求，我都会组织学生每月对版面进行更新和维护。

没完没了

"燕子老师，你们班那些学生有完没完，总有人过来向我请假，体育课也是课啊！"

这周已经有3位老师生气地向我投诉了。我明显地感受到老师们的不悦和事情的严重性。

在安抚好老师们的情绪后，我第一时间深入班级，了解到这五六位同学近来因为教室布置的更新，确实经常请假，可就算这样，更新的进展情况也很不理想。教室后面的柜子上，堆满了乱七八糟的材料，墙面上很多残缺不全的版面上零星地贴了几个字。看样子，再给他们两个星期也是完成不了的。

几个孩子颇显无奈。当问及他们具体的分工时，大家都表示没有预先分工，都是临时决定的。在询问到具体项目的时候，甚至出现了互相推诿的情况。我想，这就是为什么花了两周时间，版面布置却迟迟没有进展的主要原因了吧。

在对他们随意请假的事情进行教育之后，我开始手把手地教他们如何更高效地进行小组式的分工合作。果然，效果格外的好，没过两天，更新过的教室墙面又以崭新的面貌出现了。

为什么总是我？

一个月前更新过的教室墙面，随着时间的推移，又变得冷清起来。新一轮的更新势在必行。

我第一时间想到了前几期一直在做更新和维护的那几位同学。我觉得他们已经比较有经验了，于是又一次把任务交给了他们。

没想到，一个孩子面露难色地来找我了："老师，这次我可以不参加吗？每次布置教室，我回家都会很晚，作业完成的也晚，妈妈都批评我了。"

我对她的这个想法表示理解，也批准了她的请求，并让她告知相关的负责同学交接好她的工作。当时我的想法是：一个同学不参加，不会有太大影响。

可万万没想到的是，下一个课间，那位负责的同学找到了我："老师，小玲的事情交给其他同学的话，我们也忙不过来，每次教室布置，我们当天的作业都来不及做。"

我似乎觉察到孩子们的积极性并不是很高，于是我又找来了另外几位同学，想听听他们的想法。从孩子们七嘴八舌的话语中，也听出了类似的心声。

其实，如果换位思考，我可能也会这么想。教室的布置和更新，他们已经连续做了很多期了，每一期，都会花费他们很多的时间和精力。长此以往，确实会产生疲惫感。

有鉴于此，我萌生了制定小组轮流制的想法。教会大家方法，让大家轮流去做这件事情，应该是最好的解决方法了。

➤ 实用妙招

教室墙面布置的更新方式，可参考表5-4：

表5-4　更新方式参考

更新方式	温馨提示
整体更新	从0开始的更新，一般除了墙面黑板报之外，其他地方不建议全盘更改。
版面不变，内容更新	版面一次性布置精美，确定大主题，内容有延续性，专题性，可定期更换。

教室墙面布置的更新需要对人员进行合理的分工，如下图所示：

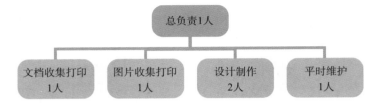

说明：

① 6人一组，按班级人数平分成若干组。

② 总负责：制定项目的时间结点、每次需完成的任务、参与人员的分工。

③ 平时维护：设计完成后，如若发生损坏现象要及时维护更新。

➤ 教室更新维护问答

01

问：教室布置的更新要多久一次为宜？

答：建议一个月更新一次。

02

问：教室墙面不干净了，想要自己粉刷困难吗？

答：不困难。一小桶立邦漆，一个专用滚筒，就可以粉刷了。注意桌面和地面要垫上旧报纸哦！如果墙面很脏，在粉刷之前，用沙皮打磨一下即可。

03

问：如何在教室墙上悬挂东西？

答：轻的物体可用挂钩或蓝丁胶固定悬挂。物体重量超过300克时，可使用无痕钉。

04

问：版面更新的内容怎样确定？

答：建议要有长远设计意识，事先设定好大主题。每一期的更新内容，可以根据现阶段班级状况，以及师生想要营造的班级氛围而定。

➤ 教室维护更新博览

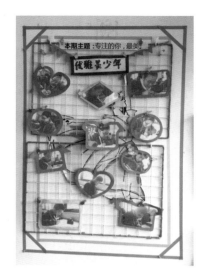

（以上图片均来自汇贤中学）

班级墙壁：从"会说话"走向"有对话"

教室是学生学习的场所，也是学生每天停留时间最长的地方，一间令人赏心悦目又兼具教育功能的教室，能让学生们潜移默化地得到滋养和教育。

罗燕老师是一位非常用心的班主任，在班级墙面布置中更是将她的班级管理智慧和美术老师的专业才情融汇在一起，形成了自己独到的班级墙面布置的见解。

罗老师在工作实践中，通过偶然的契机发现了墙面美化给班级和学生带来的可喜变化，于是从寻找可以布置的墙面开始，到教室墙面布置什么、如何布置教室墙面，以及如何维护和更新教室墙面等进行了一系列的实践和探索。

一个班级就是一个小小的社会，有其独特之构件和气质。班级文化墙，真实承载着班级的气质。设计独特、富于创意的班级墙面文化对形成先进、独特的班级文化起到推波助澜的作用。罗老师在实践过程中，通过师生共同参与班级墙面设计和建设，增强学生的参与意识，发挥他们的创造性，从而对学生的全面发展产生积极影响。

罗老师班级的墙面布置，以一种生动形象的形式提供现实的情境让班级学生去体验、感悟，从而对他们形成间接的、内隐的、潜在的影响力，使他们不知不觉地在反复与墙面的"对话"过程中净化自己的心灵，培植自己的良好习惯，启迪求知的欲望，培养自己良好的社会价值观念。罗老师没有把班级墙面做成一种固定不变没有生命力的"物"，而是强化了它的灵活性以及与师生对话的特性，无论是在墙面的选择、内容的选择、维护更换的安排等方面，无不体现了墙面文化的教育和对话功能，使它对孩子更具有感召力、吸引力、凝聚力，不仅对学生起着春风化雨般的感染和熏陶作用，也拉近了师生间的情感交流，使教室成为师生共处的美好家园。

上海市奉贤区汇贤中学校长　余雪梅

第 6 章　我的讲台我做主

刘 佳

电子邮箱：495876601@qq.com

个人介绍：刘佳，上海市民办新北郊初级中学数学一级教师、班主任，上海市班主任带头人洪耀伟工作室成员。2010年荣获"全国中学生数学能力竞赛"辅导教师奖；所带班级分别在2010、2011、2014学年度荣获杨浦区优秀少先队集体称号。2013年，论文《数论在密码学中的若干应用》被《新课程学习》杂志社评为优秀论文一等奖。

讲台到底放哪儿？

传统的讲台发生了很多变迁，现在有的学校把它放在了角落，甚至有的学校去掉了讲台，到底该不该有讲台？又该把它放在哪儿呢？

➢ 现场故事

行走的讲台

初二时，每个班级会举办 14 岁生日庆祝活动，今年也不例外。

为了给活动营造温馨的气氛，我和同学们几周前就开始张罗着购买布置教室的材料、设计教室布置的方案。到了活动那天，同学们有序地按照之前的设计忙碌着，当大家摆好桌椅后，杨奕说："舞台的场地有点小，我怕一会跳舞的时候会伸展不开。"

"是啊！老师，我们的节目是小品，好像道具摆不开。"我环顾教室四周，桌椅都已经靠墙摆放了，没有可压缩的空间了。随后大家把目光都转向了讲台，平时不爱讲话的邵明说："老师，我看过奥斯卡颁奖典礼，舞台的旁边都有演讲台，主持人是站在演讲台旁边主持的，我们也可以把讲台搬到边上去，这样教室的空间不就大了吗？"

"这个提议好！"同学们拍手称赞。这时几个大个子男生主动走上讲台，其中一个男生翁豪问："老师，那这个讲台往哪边搬呢？""搬到窗户旁边吧，搬到另一边会挡住门。但是我们要先把讲台下的电线都拔掉，注意安全。"很快，讲台移走了，舞台的空间瞬间变大了。那天的表演非常顺利、精彩，同学们一起度过了一个难忘的生日。从那之后，我们会根据班级活动内容挪动讲台，收到了很好的效果。

差点惹祸的讲台

记得有一年带初三，刚好教我们班的语文老师怀孕了。随着中考的日益临近，语文老师的肚子越来越大。一天上课前，老师让课代表王宁帮忙去办公室拿考卷。心急的王宁没有多想就还想和以前一样从老师身后走出教室。没想到，刚要走到老师的身后，就被旁边的高卓飞叫住了："王宁，当心！你别从那过去！"王宁听到喊声先是一愣，又看了看老师的肚子和讲台，马上就明白了高卓飞的用意，最后他绕路从讲台前面通过，避免了危险的发生。下课后，语文老师告诉了我事情的经过，她还夸奖高卓飞热心、机智。这件事让我开始思考：我们的讲台是不是距离黑板太近了？

后来，通过查找资料，我发现《中小学校设计规范2016》中提到，学生第一排座位距离黑板应不小于2.2米。我们班级的讲台宽度是0.6米。第二天，我提早来到教室，把讲台和黑板墙面距离调整为1.4米，讲台和第一排同学距离0.2米左右。

从那以后，很多老师都说："现在在你们班上课很舒服！"没想到只是稍微调整了讲台和黑板之间的距离，却取得这么好的效果。

让讲台"靠边站"

几年前曾有过这样一篇报道：某市的一所小学，由于讲桌高度1.1米，小学生坐在位子上看不到黑板下方的字。矮个子同学上课时为了能看清黑板，经常"左顾右盼"，严重影响了孩子的上课质量，家长呼吁移走这挡住孩子视线的讲台。

本来以为这是特例，没想到班主任王老师也碰到了类似问题。

最近语文老师反映金文杰上课总是回头，于是王老师找到他询问情况。金文杰说："老师，我回头不是讲话，是因为我看不到黑板上的板书，我只是想看后面同学的笔记。""你坐在第一排还看不到板书吗？"王老师疑惑地问。金文杰说："我能看见上面的，下面的就看不到了。"于是，王老师坐在他的座位上亲自验证了一下。果然，黑板前面边缘的字会被讲台遮挡住，恰好金文杰又是班级中最矮的一个。"你说的没错，是前面的讲台挡住了你的视线，不过放心，老师会想办法尽快帮你解决的。"课后，王老师回到办公室和其他老师商讨了这个问题后，大家一致认为应该把讲台移到旁边的靠窗位置。

移走讲台后，金文杰再也没有回头看过同学的笔记，上课的效率提高了，成绩也进步了很多。

物理老师特地找到王老师说："你们班讲台移走后，我经常讲着讲着就走到学生中间了，与学生的互动多了，课堂气氛也活跃了。"学生们也说："移走讲台增加了教室前面的空间，出入教室方便多了，看黑板比以前清楚了，老师讲课的时间比以前少了，和学生讨论的时间多了，一些内向的同学胆子也大了，回答问题比以前积极了……"

➢ 实用妙招

讲台、黑板、第一排桌椅摆放距离，可参考下图。

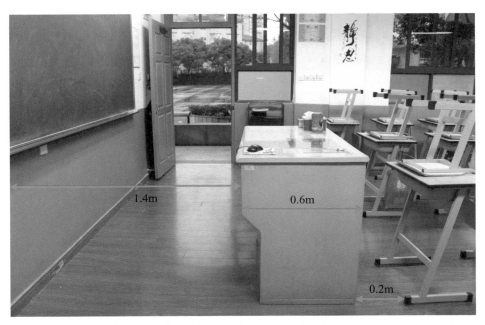

来源：民办新北郊　根据《中小学校设计规范2016》最前排课桌与前方黑板的水平距离不宜小于2.2m。

➢ 讲台摆放位置问答

01

问：讲台有哪些材质？

答：木质、钢制。

02

问：是不是所有讲台都能随意移动？

答：不是，以多媒体讲台为例，由于功能较多，涉及电路等多种因素，不方便移动。

03

问：讲台和座椅之间需要拉开距离吗？

答：建议拉开距离，避免遮挡视线。可参考《中小学校设计规范2016》。

04

问：当代教室设立讲台有必要吗？

答：在传统印象里，三尺讲台，一张黑板，学生桌椅是教室的标志。近年来，有些学校在新课程改革中出现了一些创新之举，如用"不设讲台"的方式来走近孩子，从而实现民主教育。关于这种做法的利弊也是众说纷纭。我认为传统的讲台的存在有其合理性，在教室内，黑板与讲台是班级教学中非常重要的工具，给学生的学习、老师的教学都提供了许多便利，讲台的存在并不妨碍教师走近学生，与学生进行互动。所以，我觉得如何让每张课桌都成为讲台，打破课堂原有的平静，激发学生的学习兴趣，调动学生主动发言的积极性才是真正走近孩子、实现民主教育的途径。（目前上海市的大多数初中教室还是保留讲台的。）

➢ 讲台位置摆放博览

讲台的类型：

来源：同济二附中

来源：闵行三中

讲台摆放位置：

来源：浦江一中

来源：交大二附中

讲台怎样布置？

通常教室的讲台上都会放些什么呢？讲台的周围大家又是怎么利用的呢？我们一起来看看。

➢ 现场故事

一场"粉笔战"

一天，我一走进教室，就看见满地的粉笔头。根据我的经验，刚才一定发生了一场"激烈的战斗"，我压抑住心中的怒火，问："刚才发生了什么？"同学们都低着头不讲话，这时，姚辉和吴阳默默地拿起了扫帚，把地上的粉笔头清理干净了。

下课后，两个孩子跑来找我，主动承认他俩在教室里不止一次扔粉笔头。我听了之后，没有指责他们，反而是心平气和地问他们为什么这样做，结果他们的回答让我陷入了沉思。姚辉说："其实，我们没有刻意拿粉笔打仗，而是看到讲台上刚好有随意散放的粉笔头，就用来打闹了。"听完他们的话，我说："是啊，都是讲台的错，那怎样让讲台不再凌乱呢？"吴阳说："老师，我有一个办法，咱们做一个收纳盒吧，这样粉笔盒、黑板擦就都放进去了，讲台就整洁了。"我说："好主意！要不我们今天就做？"中午午休时间，我和两个孩子一起用牛奶箱 DIY 了一个收纳盒，做好后把粉笔盒和黑板擦都放了进去，看着干净整洁的讲台，我们开心地笑了。我和两个孩子约定，就让他俩做粉笔收纳盒的"守护神"，他们欣然接受了。

后来，讲台上又多了一个笔筒，不但方便老师批改作业、学生订正，还对讲台起到了美化作用。

纸巾虽小，温情无限

为了方便老师批改作业，我班讲台边一直摆着一套桌椅。可是由于距离黑板很近，每节课后桌椅上都会留下一层粉尘。为了解决这个烦恼，我每次都带一张餐巾纸进教室。一次午休，由于匆忙我忘了带纸巾。正当我看着课桌椅发愁的时候，坐在第一排的小沈同学似乎看出了我的心思："老师给您！"说着，她从书包里拿出一包纸巾递给我。我的心里顿时感觉暖暖的。

第二天早上，我走进教室惊讶地发现，讲台上摆放着一盒抽纸，我下意识地看着小沈同学，小沈同学马上摇头说："老师，这个不是我带的！""那会是谁呢？"我心里嘀咕着。这时有位同学说："老师，这纸是小姚同学带的！"

由于小姚平时很内向，于是我走到他身旁，轻声对他说："谢谢你的纸巾，你考虑得真周到。"

他小声地说："没关系，小事一桩。"

一盒小小的纸巾拉近了师生的距离，也让教室变得温情无限。

讲台前的风景线

班级举行征集队徽活动，同学们积极踊跃参加，最后徐旭东同学的"先锋中队"得到老师和同学的一致认可，可是接下来的问题却让我们头疼：该把它贴在哪儿呢？金子涵说："老师，把它贴在黑板上方吧！"

"不行，那里有国旗。"黄雨琪说。

"要不，贴在两侧的墙上吧。"万汇杰说。

"墙面上都差不多贴满了，再往上贴就不能突出它的重要性了。"汪慧说。

正当大家讨论得热火朝天时，刘岩说："老师，我认为贴在讲台前挺好的，醒目。"

"是挺好的，之前徐旭东就在讲台前面涂鸦过，经常引来大家的围观。"劳芸说。

"哦，是的，之前英语课上，史雨还因为看讲台前的画开小差被老师批评了呢！"王子豪补充道。听到这里，徐旭东低下了头……看来他似乎认识到了自己的错误，我半开玩笑地说："看来这个区域位置不错，同学们都能关注到，要么我们就把队徽贴到讲台前吧，谁愿意帮我维护这个队徽呢？"没想到徐旭东听到后马上高高地举起手，说："我来！"为了能够鼓励他，我同意了。

从此，队徽成了我们班讲台前的一道风景线。

上岗之后的徐旭东再也没有在讲台上乱涂乱画，他把队徽维护得很好，我和同学们对他的工作给予了肯定，他变得比以前更自信、开朗。

➢ 实用妙招

讲台的个性化布置可以参考以下效果图：

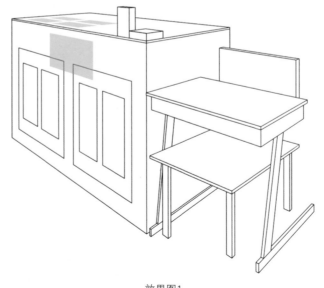

效果图1

布置说明：

讲台前方绿色区域：队徽等。

讲台上方绿色区域：通知单等。

讲台桌面布置建议：透明软玻璃、收纳盒、笔筒、纸巾盒、通知单、鼠标垫、植物等。

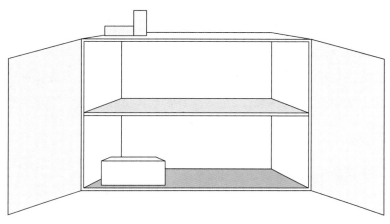

效果图2

讲台内部储物柜布置建议：药箱、教具、粉笔、劳技课材料等。

讲台的储物功能，可以参考表6-1：

表6-1 "百宝箱"使用登记表

药品名称	有效期限	学生姓名	数量	日期	卫生委员签字
创可贴					
泡腾片					
冰宝贴					
正红花油					
酒精棉					
风油精					
花露水					
温度计					

（注：请认真填写使用药品的有效期限，避免在药物过期情况下使用，过期的药物不可使用！）

➤ 讲台的布置问答

01

问：讲台的布置有必要吗？

答： 在被调查的 302 位班主任中，47.35％的班主任认为讲台的布置很有必要。在被调查的 1646 位学生中，48.08％的学生认为讲台的布置很有必要。

02

问：你对你们班级的讲台布置满意吗？

答： 问卷结果显示，只有 39.4％的班主任对自己班级的讲台布置比较满意。分别有 28.48％的班主任、26.85％的学生认为自己班级的讲台布置还需改进。

03

问：讲台的平面布置需注意什么？

答： 收纳功能，节能环保，简洁大方，便于清洁。

04

问：讲台装饰材料从哪儿来？

答： 可以网上买，最好能变废为宝。

05

问：临时调课单、考场安排等临时通知，如果贴在墙壁或者门上，要么不美观，要么难清除，怎么办？

答： 建议在讲台的桌面上放一个透明的"软玻璃"，把通知等有序地摆放在软玻璃下面。这样既美观醒目又不易损坏。

06

问：讲台的侧面可以放什么？

答： 可以放一套桌椅，为老师批改作业所用，也可以临时放一些作业本。

07

问：为什么要准备"百宝箱"？

答： 人性化设计，以防不时之需。比如：夏天蚊虫较多，学生可以使用花露水起到驱蚊提神的作用。也可在卫生室老师指导下放置一些非处方药。

➤ 讲台的布置博览

讲台的布置：

来源：民办新北郊

来源：华二黄中

来源：蒙山中学

来源：民办新北郊

讲台的储物空间利用：

来源：浦江一中

来源：浦江一中

讲台怎样维护？

讲台的维护和管理非常重要，它是教学工作顺利进行的保障，也是学生锻炼能力的途径。

➢ 现场故事

谁弄脏了老师的新衣服？

有一次英语老师正好从我们班走出来，我忽然发现她的衣袖上有很多粉笔灰，急忙上前帮她掸灰尘。英语老师淡然一笑："没事儿，上课的时候手不小心碰到了讲台，擦擦就好了。"我望着英语老师的背影不禁陷入沉思，其实类似的事情不是第一次发生了，我们的讲台上确实有很多粉笔灰。如何管理好讲台，给任课老师营造一个整洁良好的教学环境，是我们应该思考并解决的一个问题。

随后课间我观察了一下，讲台没有专人清洁，值日生擦好黑板后直接把黑板擦丢在讲台上。为了解决这个问题，我召开了一次班委会，讨论讲台的保洁管理方案。

第二天，我就在班级宣布了今后讲台桌面的清洁方案。首先，用过的黑板擦要及时清理灰尘，并且用完之后要及时放入收纳盒，不得放在讲台上；其次，讲台要每天上午、中午、放学后三次定时清理，清理时要用拧干的抹布，避免粉尘二次污染。

有异味的讲台

"刘老师，今天你们教室有一股怪味道，上课的时候一直能闻到。"刚下课的语文老师跟我反映情况。"是的，我上课的时候也闻到了。"物理老师说。我急忙走进教室寻找原因，刚走到教室门口，就隐约闻到了怪味道。我和同学们一起在教室里寻找怪味道的来源，最后发现讲台下面的味道最重。我和两个男同学一起把沉重的讲台移到旁边，惊讶地发现，讲台的机箱柜里竟然有一个已经发黑腐烂了的香蕉，在香蕉的旁边还有很多垃圾和灰尘。原来这些就是怪味道的来源，我们费了九牛二虎之力才清理干净。

讲台的异味清除了，但这件事引发了我对讲台卫生管理的思考。我班是多媒体讲台，由于搬动不便，所以其下方的卫生是教室清洁中的死角之一。若清理不及时也会留下安全隐患。通过班委会讨论，我们决定每周检查一次讲台内部的卫生，以无灰尘、无垃圾为标准，同时呼吁同学们自觉增强保护教室环境的意识，爱护教室环境卫生，做班级环境卫生的小卫士。

讲台管理上的漏洞

一天课间，我走进教室，发现一群学生围在讲台周围。突然，唐洁同学喊："老师来了！"同学们马上四散开来，只留下马浩一人在讲台上，手里握着鼠标，看样子他还没来得及"逃跑"。我走近一看，原来马浩在玩扫雷游戏，此时的他似乎意识到犯了错误，始终低着头不说话，我并没有为难他，而是轻声说了句："教室的电脑是老师上课用的，不要用它做与学习无关的事情。"

午休时间，马浩找到我，说："老师，我知道错了！在这之前我也玩过，只是没被您发现，感谢您今天并没有当着全班同学的面批评我，我保证以后不会在教室玩游戏了！"这件事情的发生引发了我的思考：现在的讲台管理存在着漏洞，是不是需要专人去维护和管理电脑？

周五的班会课上，我们针对这个问题进行了讨论，同学们表示确实需要一个电脑管理员，很多同学都表示愿意做这份工作，最后我们投票选出擅长电脑操作的陈思亮同学做电脑管理员。

从那以后，我们班的电脑使用情况良好，再也没有出现课间玩游戏的现象，老师们也反映：有了电脑管理员，多媒体教学很顺利。我及时肯定了陈思亮同学。后来发现，小家伙更加努力工作了，他还利用课余时间为同学们讲解电脑使用、维护小技巧呢。

➤ 实用妙招

讲台上的物品的维护管理方法，可参考表6-2：

表6-2　讲台上的物品维护管理

物品	清洁情况	使用情况	管理员签字	值日班长签字
电脑				
教具				
粉笔				
抽纸				
黑板擦				
鼠标垫				
植物				
笔筒				

➤ 讲台的维护管理问答

01

问：讲台的清洁工具有哪些?

答：常规工具：抹布、清洁剂。

特殊工具：键盘清洁泥、键盘清洁气吹等。

02

问：怎样清洁黑板擦？

答：用过的板擦只需沿着黑板槽边缘从上到下刮动即可。现在市面上也有一些电动吸尘黑板擦，形状类似鼠标，符合人体工程学，利用静电吸附粉尘，清理方便，值得推荐。

03

问：讲台卫生维护的适宜时间？

答：课间、放学后、实验后、大扫除时。

04

问：讲台卫生专人维护还是轮流维护？

答：轮流维护，让更多的同学参与，培养他们的责任感。

05

问：电脑是专人维护还是轮流维护？

答：专人，而且是有电脑常识的电脑管理员。

06

问：多媒体设备出现故障怎么办？

答：一定要找专业的维修人员，不要私自进行修理。

07

问：多媒体讲台的保洁需要注意什么？

答：注意安全，防止触电。

08

问：演示课前对于讲台需要哪些准备？

答：演示课前最好能在讲台上铺些报纸起到保护作用，同时便于课后的清理。

09

问：键盘的清洁方法有哪些？

答：由于讲台上粉尘太多，可以根据型号购买键盘膜，当键盘内部进入粉尘时，可以在手掌干燥的情况下揉键盘清洁胶10秒钟左右后，按在键盘上，上下慢慢提拉，反复操作即可。还可以使用小刷子、清洁气吹。

三尺讲台，育德天下

一口气读完了这一章，想不到小小三尺讲台在刘佳老师的笔下竟有如此丰富的内容！

全文分为三节：讲台到底放哪儿？讲台怎样布置？讲台怎样维护？每一节又都由现场故事、实用妙招、问答和博览四个部分组成。看似是解决班主任在讲台管理中的实际问题，其实反映了班主任对于班级物质环境与班级文化的价值取向。例如，在"讲台到底放哪儿？"这一节中，"现场故事"环节为我们提供了3个生动的小故事："行走的讲台"告诉我们，讲台不是固定的静物，为了班级活动的需要，它可以挪动，使活动的空间变大；"差点惹祸的讲台"告诉我们，讲台的摆放以及它和黑板的距离是有规范要求的；"让讲台'靠边站'"则告诉我们，把讲台移到旁边靠窗的位置，不仅解决了学生上课看不见板书的问题，而且有利于师生互动，活跃了课堂气氛。来自一线班主任的3个有关讲台的小故事，让我们感悟到，讲台作为教室中教学工具的存在，如何摆放是有科学依据的。在一般情况下，讲台主要由教师使用。而在现代班级生活中，班主任要更多地关注学生的需求，关注学生的所思所想，如果是学生的正当需要，没有固定讲台的教室也是一道亮丽的风景。因为这里体现的是绿色的班级生态：以学生为本规则中的和谐。其他节的小故事，都写得有血有肉、生动活泼，充满了班级生活的情趣，可读性很强。

"实用妙招"为我们提供了关于讲台位置、布置和维护管理的方法。图片直观，具有实际参考性，表格对讲台的有序管理提供了样板。

"问答"部分的设置富有时代气息，类似于网络上的"弹幕"，是作者和读者交流互动的地方。交流又分"浅水区"和"深水区"两个区域。"浅水区"一问一答，简明扼要。"深水区"的交流就不那么简单了。如"当代教室设立讲台有必要吗？"作者层次清晰地表达了自己的观点：第一，传统的讲台有其存在的合理性，因为它为教与学提供了许多便利；第二，课堂教学改革不在于"不设讲台"，而在于"把课桌变为讲台"，调动每个学生参与教学互动的积极性。智慧型班主任的学生观和教学民主观跃然纸上。

最吸引人眼球的是"博览"部分，一张张精美的照片，不仅为班主任们提供了直观借鉴，而且，透过这些照片，我们看到了刘佳老师和她的伙伴们实践研究的足迹以及为此付出的努力和心血。

上海市德育特级教师、民办新北郊初级中学校长　张小敏

第 7 章　教室里的"悦"读空间

如何创建图书角?

如何管理图书角?

如何用好读书角?

管红娟

电子邮箱：499368684@qq.com

个人介绍：管红娟，2009 年 8 月从南京市第九中学（东南大学附属中学）调入上海市蒙山中学，现担任该校数学教研组组长，金山区数学中心组成员。

任职期间，连续两届被评为金山区"明天的导师"工程骨干教师；连续两届获上海市中青年教师教学评优二等奖；连续两次获金山区中青年教师教学大奖赛一等奖，金山区"明天的导师"金苗奖；荣获金山区优秀少先队辅导员等多项荣誉。

顾 颉

电子邮箱：13764698768@163.com

个人介绍：顾颉，2008 年参加工作，是位年轻且富有智慧的德育工作者；她成长快速，表现突出，是新一代青年班主任的典范。她先后荣获第五届长三角中小学班主任基本功大赛论文类一等奖、综合类三等奖；上海市第六届嘉定杯班主任基本功大赛初中组一等奖；上海市优秀班主任称号；上海市育德之星称号；闵行区十佳金奖班主任称号。

如何创建图书角？

教室是学生学习的主要场所，但学习之余，学生也需要关注课本之外的知识。给师生开辟出一方独特的空间，让书香润泽师生的生命是我们打造理想教室的重要使命。

➢ 现场故事

被老师"冤枉"的小惠

"顾老师，班级出事了，你赶紧去看看……"刚下课，就有学生"飞奔"进办公室向我汇报情况，看他紧皱双眉，一脸紧张的神情，我的心一下子被提起来了，莫非班级里突发意外？

我一路小跑进了教室，只见一群学生围在小惠课桌边上，交头接耳，议论纷纷。被围在中心的小惠趴在课桌上，哭得很伤心，几个和她关系要好的女生正在不停地安慰她。

"顾老师来了……"学生喊道。原本围在小惠周围的学生们全都向我"涌"来了。

"顾老师，小惠是被冤枉的！"

"怎么了？"

"小惠上课迟到了，老师批评了她。"

"她迟到是因为去借书……"

孩子们围着我越说越激动，一旁的小惠则哭得更凶了。

这样的事已经不是第一次发生了，原因是图书馆离教室太远了！

我想：何不在教室里开辟一块小天地，打造一个属于自己班级的图书角呢？这样就可以避免类似的事情再次发生。

语文老师的"夸奖"

"顾老师，你们班的学生最近真爱读书，你看，连交作业都夹了一本书给我！"语文老师哭笑不得地说。

原来自从我答应学生们搭建班级图书角后，学生们便纷纷把自己的藏书带过来，然后就把图书堆在原本摆放作业的小桌子上。书是有了，可麻烦也来了。

一下课，学生就围着那张小桌子你争我抢，闹哄哄的不说，书和作业本都混成一堆，甚至还有零星的文具散落在四周。学生们自我打趣：这叫"多功能"桌。

面对这种情况，我紧急召开了班会，和学生们共同讨论给图书角找个新"家"。

有同学说："教室小，人又多，必需品摆完后，就没多少地方了，还怎么摆书呀？"

马上就有同学说："可以用窗台呀！贴着窗玻璃摆放一排书，绰绰有余，只要加两个'书立'就可以了。"

还有的说："干脆挂墙上吧！"

……

于是大家群策群力，一个班级图书角的雏形开始慢慢形成。

教室里的"钟书阁"

一缕泛着微黄的阳光
与我面前书本上的文字嬉戏
我不愿破坏这画面

面前的书本长时间停留在这一页

在我心里

这里是最接近天堂的地方……

这是小玥在周记里写的小诗，我喜爱极了，也让我好奇，究竟是哪里会让她有如此的感受。

于是我就去问小玥："你诗里写的是什么地方呀？"

"管老师，那里是钟书阁，里面好漂亮好漂亮呀！像是书的海洋，书的星空！"看着小玥脸上兴奋的神色，我不禁想到了我们的图书角，如果我们的图书角也布置成"钟书阁"，那该有多好啊！

我把自己的想法和同学们说了说，没想到得到同学们的热烈响应。大家立刻分头行动：

班长小玥在购物网站上淘到一款设计精美的墙贴，由书籍和枫叶的图案组成，还有一行文字标语——"让阅读成为一种习惯"，非常适合贴在书架边上。

宣传委员鸿杰利用美术学科配套素材，自己动手设计制作了一些小装饰，有云朵、爱心和各种动物图案，小巧可爱极了，图书角立刻生动活泼了起来。

学习委员思源按照书籍的种类、大小做了整理，摆放在书架的不同层面，又算了下多出的空间，计划开学后召集同学们再多带些书籍过来。

植物管理员"胖墩豪"灵机一动，提议把班级的植物角移到教室后方，放在书架边的书包柜上，把植物角也重新打点一番，和图书角相映成趣，让花香伴随书香一起弥漫。其他学生也加入队伍，纷纷献计献策……

就这样，我们班的"钟书阁"成了教室里一道亮丽的风景线。

➤ 实用妙招

图书角的选址及样式，可参考表7-1：

表7-1　图书角选址及图例

选择位置	选用材料	图例
教室角落	① 利用多余的课桌。 ② 购买小型书架。	 来源：蒙山中学
教室窗台	① 书夹、书挡、书立。 ② 变废为宝、DIY。	 来源：上外松外
教室墙面	壁挂式书架	 来源：浦江一中

图书角美化方式，可参考表 7-2：

表7-2 图书角美化的形式、工具及材料清单

选择形式	适合工具及材料	效果图
标语、图片	① 卡纸、贴纸等各类色彩丰富的纸制品。 ② 墙贴。	 来源：奉贤实验
植物、小动物	① 适合室内养殖的绿色植物，如绿萝、文竹等。 ② 便于饲养的小宠物，如观赏鱼、小乌龟等。	 来源：君莲学校
周边环境元素	借用教室内其他环境布置元素，如：墙报、黑板报、学习园地、队角等。	 来源：蒙山中学

➤ 图书角布置问答

01

问：布置图书角选购材料、工具时需要注意什么？

答：在考虑美观性与实用性的同时，尽可能追求价廉物美。可以发动学生进行旧物改造，变废为宝；也可以动员学生广泛收集素材，智慧创造。当然，教室里的任何布置都要考虑其安全性，尽可能避免玻璃之类的易碎材质，避免使用直角棱角、尖锐锋利的金属产品等。

02

问：图书角是否有必要装饰？

答：有必要，但不要过分装饰。整洁、美观、温馨，和教室整体环境布置协调融合即可。图书角的"主角"始终是书籍，装饰只是起"锦上添花"的辅助作用，不可本末倒置，切勿让图书角沦落为只有美丽外表的"花瓶"。

03

问：学校已经有图书馆了，教室里还需要图书角吗？

答：学校图书馆的优势在于藏书量大，学生可根据爱好和需求进行自主选择、免费借阅。图书馆有规范的借阅制度，先进的管理系统，并配有专业的管理老师，环境十分温馨、舒适，是学生们静心阅读、课外学习的好去处。现如今许多学校校舍面积大，部分学校甚至有独立的图书馆大楼，客观上造成了课间学生们在图书馆和教室之间来回奔跑的"热闹"景象。其实，教室图书角并不是对学校图书馆的简单"迁移"和机械"复制"，而是学校图书馆的有效"延伸"和智慧"拓展"。想象一下，教室里如能有这样一块独特的小空间，有一堆书籍供学生们随时借阅，书香在整个教室里荡漾、弥漫，这是多么美好的景象！

04

问：是不是在教室里放几本书、贴个标语，就是图书角了？

答：大多数教室里都能见到图书角的"身影"，说明很多班主任都有设立图书角的意识。遗憾的是，现实中不少教室里的图书角都只是"花瓶摆设"，很多图书角在建成之后没有真正利用起来，成了"被遗忘的花瓶"。

班级图书角应是教室里的"第三空间"——本意在于学习、交流、体验、休闲，不再单纯拘泥于空间实体。我们应该通过对图书角的布置和改造，让教室发挥出"第三空间"的智能。如何利用学校图书馆的资源，让班级图书角成为学校图书馆的二级平台，将学校课程、实践活动等与图书角融合在一起，通过各种各样丰富多彩的阅读活动，让图书角成为班级文化、学生展示的重要载体和平台，是我们需要好好思考的问题。

➢ 图书角博览

特征：镂空式书架

品评：空间利用率大，美观又实用

来源：进才北校

特征：利用班级柜子

品评：合理利用柜子桌面，增添小植物更加美观

来源：奉贤实验

特征：利用卫生厨

品评：让卫生角有了诗情画意

来源：蒙山中学

特征：连成片的书架

品评：合理利用楼道空间，让图书角更加开放

来源：朝阳二小

特征：开放式书架

品评：方便

来源：闵行三中

如何管理图书角？

图书角的创建不仅需要装饰和美化，还需要在自由民主的环境中，让每个学生参与到图书角制度的建设中来。

➤ 现场故事

"稀稀拉拉"的记录

翻开我班图书借阅记录本，前面两页记录得满满的，但是后面只有寥寥几笔。于是我把图书管理员叫到了身边："怎么最近图书记录空荡荡的？"

"刚开始的时候同学们都过来翻翻，但是没过多久大家就没兴趣了。"

听到这话，我的心凉了一截。要知道，开学初为了给班级图书角添置书，我特意跑了几次学校图书馆，差点"跑断腿"，用自己的借书卡为学生们借了一大堆书，还从自己的藏书中挑选了一些补充进去。本以为这些经典书会受到学生的欢迎，可现实却给了我狠狠一击。

随后，我与学生简单地交流了一下，发现我喜欢的书大多不受学生欢迎。接下来，我就让学生分组讨论，制定他们感兴趣的书目。同时，我也从语文老师推荐的书目中挑选数十本书和学生分享。在大家的共同讨论和努力下，我班的理想书目渐渐成形。

达成共识

一天，教物理的常老师气呼呼地把一本书摆在我面前："娟姐！你看这事儿怎么处理？"我拿起这本书一看，原来是我班图书角的书。

"马上就要考试了！上课还在看其他书……"

事后我找看书的小周了解情况。原来他非常喜欢这本书，但是他和其他同学约定好，明天要给别人看。他觉得来不及了，所以就在课上偷偷看。看着耷拉着脑袋的小周，我不禁思考：为什么学生喜欢看书这件好事却让老师烦恼呢？

借着这次事件的契机，我在班级开展了一场别开生面的辩论会，针对"上课能否看课外书"进行辩论。同学们积极发表了自己的观点。最后根据大家的发言，我们在节约时间、借阅方式等方面达成了共识，这样就解决了上课看课外书的问题。

➤ 实用妙招

图书角书籍来源及更新流程参考下图：

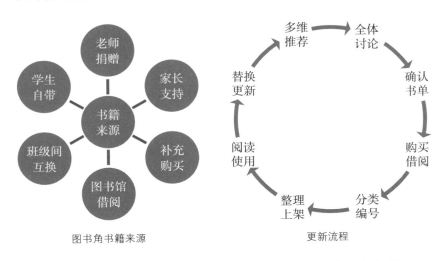

图书角书籍来源   更新流程

制定借阅制度可方便学生借阅，大家可参考上海市蒙山中学初一（9）班图书角借书制度。

①　每周一到周四，早上交完作业之后，可以开始借书；放学前，主动把书归还至原处，不私藏书，也不得把书带回家；图书管理员在放学时，清点图书数量。

②　每周五，在图书管理员处登记之后，可以把书带回家阅读，下周一把书归还给图书管理员，并做登记。

③　课堂（包括自习课）上不能看书，一旦被发现，次日起，连续一周不允许借书。

④　如果弄丢书，请自觉提供一本同价位同类型的书，待图书管理员编号入册后，作为图书角藏书供全班借阅。

⑤　自觉维护书的整洁，不故意损坏、撕页、圈划。图书供全班同学传阅，不能被一人长期霸占。

图书角负责人：戈钰豪

2016 年 9 月

➢ 图书角管理制度问答

01

问：图书管理员怎么聘用？

答：①　选择做事认真有条理、热爱图书、有一定阅读量的同学更好。

②　自荐申请、竞争上岗等方式。

02

问：如何激发图书管理员的积极性？

答：①　岗位冠名制。

②　给予一定"特权"，如：优先借阅新上架图书、优先参加校内外相关读书活动。

03

问：图书角管理制度如何制定与实行？

答：①　集思广益，征求全班学生的意见和建议，制定班级的借阅规则。

②　师生参与，学生分小组，每一小组负责其中一类书籍，共同管理，互相竞争。

04

问：怎样才能更有效地推荐书目?

答：① 内容：推荐的书目要符合学生当前的兴趣点。

②形式：借助新媒体工具进行推广。

05

问：学生把书弄丢了，怎么办?

答：学生遗失书，说明学生在看书、爱看书。当然，班级也要有相应的规章制度，比如：拿一本类型相似的书补充；"罚"其做两次"好书推荐"等。

➤ 图书角管理博览

（以上图片均来自上外松外）

来源：奉贤实验

如何用好读书角？

"腹有诗书气自华。"除了让学生多读书，更要让学生读好书、好读书。在学生心里播下阅读的种子，点燃阅读的热情，是我们建立图书角的终极目标。

➤ 现场故事

一本书的逆袭

"这个学期我已经阅读了《西游记》《夏洛的网》《呼啸山庄》《窗边的小豆豆》《拿破仑传》……我最喜爱的是《夏洛的网》，在朱克曼家的谷仓里，小猪威尔伯和蜘蛛夏洛建立了最真挚的友谊……"

讲台上，乐乐正在滔滔不绝地介绍她最喜欢的课外读物，其他同学听得津津有味。

介绍完毕，乐乐手上的书就成了抢手货，大家争先恐后地表示自己想要第一时间阅读。

我清楚地记得前两个星期，这本书在图书角无人问津，没想到现在成了抢手货。

之后我留心观察，发现经过同学们推荐的书，都会受到大家的青睐。原来图书角的一些书并不是不好看，而是缺少一个交流分享的平台。

之后我和语文老师达成一致，利用语文阅读课的时间，让同学们来开展"图书角书本"介绍会，并让乐乐组织"悦"读会，让图书角的每一本书都"活"起来。

一场无疾而终的比赛

随着《中国诗词大会》的热播，上外附中才女武亦姝成为班级同学口中的"女神"。同学们也纷纷建议在班上搞一场诗词大会。在语文早读课上，我们打算组织一场"飞花令"比赛，同学们摩拳擦掌、跃跃欲试。

可真正比赛时，问题来了。虽然现场气氛热烈，但是由于同学们平时积累不够，应者寥寥，比赛无疾而终。

比赛过后，图书角唯一一本《唐诗三百首》炙手可热。同时，学生们也建议下一次图书角要多几本关于诗词的图书。

没想到小小的一次比赛竟然激发出学生阅读古诗词的热情。这件事启发了我，可以以活动为载体，培养学生"好"读书的习惯。

➢ 实用妙招

借助工具和平台，让阅读活动丰富起来，大家可参考表7-3：

表7-3　图书角实用工具

活动形式	工具或平台	活动图片
书面类	① 利用书签、海报、摘抄卡、推荐语等形式提高阅读效率。 ② 借助教室布置，进行展示分享，激发学生的阅读兴趣。	 来源：进才北校
网络类	借助班级博客、QQ空间或微信平台等虚拟空间，开辟"好书分享"栏目。	 来源：三新学校

活动形式	工具或平台	活动图片
活动类	① 结合学校课程、主题活动等形式拓展阅读空间，激发学生的阅读兴趣。 ② 结合《朗读者》《中国诗词大会》等热门节目调动学生阅读积极性。 ③ 充分利用家校资源，带领学生进行多种方式的阅读。	 来源：蒙山中学

> 图书角阅读问答

01

问：午休时间能安排阅读吗？

答：午休时间比较长，可以适当安排读书活动。

02

问：读书笔记一定要做吗？

答："好记性不如烂笔头"，让学生做读书笔记，不仅可以练字，还能让学生加深印象。

03

问：如何持续激发学生爱读书的习惯？

答：除了"实用妙招"中提到的方法，班主任要做一个热爱阅读的人，言传身教，身体力行，只有这样的教育才是真正的教育。

04

问：图书角还有什么作用？

答：① 展示学生手工作品、艺术作品（如书签、藏书票等）。
② 培养学生的设计能力和审美能力。

➢ 图书角特色博览

形式：手抄报
来源：蒙山中学

形式：九宫格漂流
来源：奉贤实验

形式：手抄报
来源：鹤北中学

种下爱阅读的种子

看到"教室里的'悦'读空间"这章，备感亲切。在朴实的文字与配图中，我看到了我校"书香校园"建设的足迹；看到了班主任们在"班级图书角"建设中的思考与实践；更是看到了管红娟老师发展与成长的足迹。

我们的"书香校园"工作，期待这样的美好发生：对于学生，能培养他们的阅读兴趣，为其长远发展积淀一定的阅读能力与素养；对于教师，能让其在专业发展的道路上走得更远，也能让其在漫长的教学生涯中享受到职业的幸福。

在创建上海市书香校园的过程中，班级图书角正成为我校各班级的一道亮丽的风景。班级图书角以其灵活性和实用性成为学校图书馆的重要补充。班级图书角的建立，加强了同学之间的交流，让学生享受到分享好书的乐趣；更重要的是，这个小角落里营造了一股浓厚的读书氛围，在同学们心中种下一颗爱阅读的种子。

管红娟老师除了基于自己学校、班级的实践，还走进上海市多所学校广泛学习调研，在图书角的建设上做了深入的研究，为广大班主任提供了可借鉴的方法。

氤氲书香扑面而来，读经诵典脆响耳畔。这该有多美好！作为师者，我们有责任为孩子们营造浓厚的书香之"气"，创建有效的书香之"径"，让孩子们真正享受到书香之"乐"。

上海市蒙山中学校长　张连芳

第 8 章　走近课桌椅

如何合理使用课桌椅？

如何合理排座位？

如何管理保护课桌椅？

朱　超

电子邮箱：loarplum@126.com

个人介绍：朱超，上海市闵行第三中学语文教师，现任团委书记兼少先大队辅导员，拥有 8 年班主任工作经验。荣获 2017 年上海市"闵行杯"班主任基本功大赛二等奖（市级），曾被评为闵行区优秀班主任、师德标兵等。

如何合理使用课桌椅？

课桌椅是教室里最常用的物品之一，大家都很熟悉，可它们还有许多功能被我们忽视了。将课桌椅进行合理调节、开发与装饰就会对教室环境以及师生的关系发展产生极大影响。

➤ 现场故事

椅子上的两本书

开学第一周学生去上体育课，我去班级教室拿书，忽然发现小豆的椅子上放着两本厚厚的书。小豆是位女孩子，很爱干净，自己的东西整理得整整齐齐，怎么会把两本书放在椅子上呢？我顺手就将两本书放回课桌上。虽然心有疑惑，但我没太在意，就回办公室了……

本以为是次偶然事件，但第二天我路过教室时，又看到小豆的椅子上放着那两本书。这就奇怪了！于是我特意在上课时观察了一下，发现她将两本书垫在椅子上，时不时扭一下身体调整姿势。原来是椅子太矮了，她坐着不舒服。

我琢磨了一下，发现班级的桌椅高度是可以调节的。这就好办了！

我趁学生下课，拿着工具去帮小豆调节椅子高度。正当我在调节的时候，围上来一群好奇的孩子，他们一看我在调节桌椅高度，纷纷表示自己的桌椅也需要调节，数一数人还不少！我忽然意识到教室中课桌椅的高度不符合学生的需求。

接下来，我就在班级中做了简单的问卷调查，发现超过半数学生对自己课桌椅的高度不满意。于是我寻求学校后勤部门的帮助，利用双休日将教室课桌椅高度调节了一下。

本来只想满足学生们的需求，结果却"无心插柳柳成荫"……刚调节完的第二周，英语老师开心地说这周上课很舒服。学生的坐姿好看很多，姿势也端正多了，整个班级的精气神一下子就上来了！

呵！原来调节一下课桌椅的高度竟然取得这么好的效果。

桌肚的烦恼

"小李今天作业又没交！"课代表按照常规向我汇报作业情况。旁边站着愁眉苦脸的小李。

"老师，我昨天在学校就把作业做好了，但是我放在桌肚里就不见了。老师您要不信就和我再去找找！"

于是我和小李回到教室，来到他的课桌前开始翻找作业。整个桌肚简直是个"垃圾桶"，什么都有，甚至还有用过的餐巾纸。要在这里找到一本小本子真不容易。最后我俩把桌子翻个底朝天，花了老半天才找到了作业本。

"以后把桌肚整理干净！"我抱怨道。

"班级里桌肚乱的又不止我一个。"小李小声嘟囔着。

被他这么一说，我就留心观察了一下班级学生的桌肚，发现还真有不少学生的桌肚是满的，里面杂乱不堪。看来要好好培养学生整理桌肚的习惯了。

首先我建议学生把书本放书包里，学生指指椅子上鼓鼓的书包，一切就尽在不言中了……

接着我让擅长整理的学生出出招，有一位学生提出用书本收纳袋整理。于是我让小李自己去网上购买一个，结果用下来效果还真不错。后来这个方法在全班得到普及和推广。

看来我们对课桌椅的了解还不够，如果利用好相应的工具为课桌椅开辟空间，就能给学生的学习生活增添更多便捷。

老是"失踪"的椅子

下午，热热闹闹的大扫除结束了。

大家把外面的课桌椅纷纷搬回教室。搬完，所有同学都已经就座，唯独小王傻站在课桌前。原来他的椅子不见了，找了半天，他终于在角落里发现一把椅子，可是这把椅子一边的塑料脚套没了，是把"瘸腿"的椅子。

这显然不是小王的椅子，但是他也不知道自己的椅子去哪了，每把椅子都是一样的！最后小王万分委屈地拖着那把椅子回到座位上。

类似小王丢椅子的情况总会发生，比如运动会时全班把椅子搬出去，结束之后就发现个别椅子被"掉包"了。

针对这种情况，起初我让学生在桌椅上贴上标签，这样就不会搞错，但是学生觉得标签太难看，而且容易损坏。

后来我让学生自己设计名片，用卡套装好固定在桌面上。没想到这小小的名片却非常受学生欢迎！学生精心设计的名片，让普普通通的桌椅一下子变得丰富多彩起来。

课桌椅经过点缀之后，还能彰显学生独特的个性。

➤ 实用妙招

1. 课桌椅的适度调节

2002年我国颁布了《学校课桌椅功能尺寸》，确定了10类不同身高的学生使用的桌椅高度标准，参见表8-1：

表8-1 中小学课桌椅高度与身高对照表
（国家标准GB/T3976-2002）

单位：cm

课桌椅型号	桌面高	座面高	标准身高	学生身高范围
1号	76	44	180	173以上
2号	73	42	172.5	165~179

课桌椅型号	桌面高	座面高	标准身高	学生身高范围
3 号	70	40	165	158~172
4 号	67	38	157.5	150~164
5 号	64	36	150	143~157
6 号	61	34	142.5	135~149
7 号	58	32	135	128~142
8 号	55	30	127.5	120~134
9 号	52	29	120	113~127
10 号	49	27	112.5	119 及以下

课桌椅高度调整，参见表 8-2：

表8-2 课桌椅高度调整高度参考

单位：cm

课桌椅档位	桌椅高度	适合身高
1 档	55~60	120~150
2 档	60~65	150~160
3 档	65~70	160 以上
特殊档位		

课桌椅调节方法步骤如以下图片所示：

①卸下螺丝

②两脚踩住桌脚，双手拉住桌沿一边向上拉

③将两侧高度拉平

④反转桌子，装上螺丝并拧紧

调整前

调整后

2. 课桌椅空间开辟

书本收纳袋：

①先将书本分类整理

②将书本按照类别从上至下放入

布袋：

3. 课桌椅的适度装饰

姓名贴：

①根据情况选择姓名贴规格　　　　　②写上姓名，可以用不同字体

③根据实际情况确定粘贴位置　　　　④椅子建议贴椅背或底部

（备注：贴在醒目位置，也可以贴在桌椅的底部，起到保护效果。）

软玻璃：

①选用与桌面大小适宜的软玻璃

②可在软玻璃下方放置所需物品

（备注：建议放置学生手册、通知单、准考证等比较薄的物品，不影响书写。）

个性名片：

①选用彩色牛皮纸

②根据学生自己喜好设计

③将个性名片装于卡套内

④用双面胶或透明胶固定

➤ 桌椅使用问答

01

问：课桌上的挂钩还能挂什么？

答：毛巾、水杯、雨伞、垃圾袋等学生常用物品。

02

问：调节课桌椅高度感觉困难怎么办？

答：找专业人员或者学校后勤部门人员帮忙。

03

问：个性名片上面的基本信息写哪些？

答：姓名、职务、兴趣爱好。其他可根据学生个人兴趣决定。

04

问：课桌椅装饰原则有哪些？

答：不影响学生的学习。建议干净、整洁、不花哨。

05

问：课桌椅装饰的意义在哪里？

答：① 区别课桌椅，方便家长会时家长迅速找到自己孩子的座位。

② 便于任课老师熟悉学生。

③ 彰显个性。

④ 培养学生主人翁意识以及良好的学习习惯。

➤ 桌椅装饰博览

1. 特色课桌椅

特征：彩色课桌，两边有弧度	
品评：美观且便于分辨，排列组合非常简单	
来源：上冈外	

特征：金属加工教室课桌

品评：挡板上的工具方便学生使用，也能避免一些意外伤害

来源：闵行三中

特征：美术教室专用课桌

品评：颜色鲜艳、玻璃覆盖防止染色

来源：君莲学校

特征：倾斜式支柱

品评：稳定不容易翻

来源：民办新北郊

2. 课桌椅个性化装饰博览

个性名片：

个性书签名片：

（备注：设计好后可以挂在桌角挂钩上。）

如何合理排座位？

合理装饰课桌椅能够让课桌椅变得神奇有活力，而合理使用课桌椅能让班级管理如虎添翼。

➤ 现场故事

让人头疼的家长请求

开学第一天，我绞尽脑汁把班级学生的座位安排好了，可没过一个星期，问题就接踵而来。

"老师，我孩子的同桌会影响他的学习，请帮我们换到一位学习成绩好的同学旁边吧！"

"老师，我的孩子近视，请将他往前调。"

"老师，孩子老是开小差，您看能不能把他的座位调整一下？"

"老师……"

家长们以各种各样的理由来要求我给孩子换座位，座位是牵一发而动全身的事情，不能轻易变动。但家长们的请求也不能忽略。这些问题困扰着我，让我犹豫不决。

相信很多班主任在安排座位的时候也遇到过这样的问题，那么该如何解决呢？安排座位时还有没有其他方法呢？

"面对面"的交谈

最近学校要求召开学生和家长共同参加的会议，旨在让学生和家长能够更好地沟通交流。我也非常期待会议能取得好的效果，但现实却不理想。

整场会议全是家长之间互相讨论，学生则坐在旁边欲言又止。这样的会议就变成家长们的交流会了，违背了会议的初衷。

为此我与其他班主任一起讨论解决的方法。有的班主任提议将座位面对面拼在一起，学生坐一边，家长坐对面，看看效果怎么样。我抱着试试的态度召开了第二次会议。

结果许多学生吐露心声，家长也用心倾听，效果比上次好很多。

会后我特意询问了几个学生，学生给我的反馈是：这次座位变动之后，能清楚地看到爸妈听自己说话的样子，感觉不一样了。

经过这件事，我开始关注教室的座位排列。我们的座位排列大部分时间是"秧田式"，方便授课。但是，根据课程内容不同来合理编排座位会带给师生更多便捷与好处。

坐着讲，比站着批更好

新学期我们班转走了两位学生，班级多出了两套桌椅。

这两套桌椅摆在小组中觉得突兀，堆在角落里又觉得碍事。正犹豫着该不该把这两套桌椅送出教室的时候，发生的一件事情改变了我的看法。

作文课上我刚讲解完文章，便让大部分学生自己修改作文，其他问题比较大的学生我要单独讲解。于是我让小韩走到讲台边听我讲解，讲到一半，我忽然瞟到前排小周对着小韩挤眉弄眼，一副幸灾乐祸的样子，而小韩面红耳赤，听得心不在焉。我意识到可能小韩不好意思了，是否换个地方讲解效果会好一点呢？我环顾了一下教室，正好那两套多出来的桌椅闯入我的眼帘。

于是我和小韩将两套桌椅搬到教室后面，在全班同学好奇的目光中坐下，开始轻声交流他作文中出现的问题。同学们见了会心一笑，转过头继续修改自己的文章。小韩也静下心认真思考自己作文中的问题。

　　我觉得效果不错，于是后面几位学生都采用了这样的方式讲解，一节课下来腰不酸腿不疼，比以前站在讲台上讲解舒服多了。课间，有个活泼的学生也凑上来，拿出作文摆在我面前："老师，也给我讲讲呗……"没想到这种方式还挺受学生欢迎的。

　　之后我将那两套桌椅保留了下来，作为作文修改专座。作文课上，我和学生坐下来交流讲解作文，课后也有学生一起参与进来，发表自己的看法。这两套桌椅成为教室里一道独特的风景线。

　　教室里的课桌椅除了给学生上课写作业之外，是不是还能设置一些特别的座位满足师生的需求呢？大家不妨尝试一下。

➢ 实用妙招

　　合理安排学生座位极其重要，大家可以参考表8-3、8-4、8-5：

表8-3　排座位的方法及适用班情

名称	具体方法	适用班情	好处	注意事项
自选同桌式	①学生自主结对；②递交申请；③班主任审批。	①建班时间长；②学生互相了解；③班级个性成型。	①民主；②满足学生愿望；③增强凝聚力；④可以借此了解学生交友情况。	①班级的舆论环境健康；②男女搭配把控要得当。
抽签分配式	①准备两套相同的号码；②抽到相同数字配对。	适合建班初期。	①比较刺激；②相对公平；③锻炼交际能力。	①做好学生和家长的工作，避免"耍赖"；②经常更换座位，保持新鲜感。
学分交换式	①根据学习表现积攒学分；②用学分换取满意的位置；③可以采用拍卖等形式。	①建班时间长；②中预、初一效果更好。	增强学生的竞争意识。	学分的管理方面不能只看学习成绩。

名称	具体方法	适用班情	好处	注意事项
小组竞争式	①将班级划分成若干组；②每组推选一位组长；③将教室划分成几个"区域"，每一个"区域"由小组成员自由安排；④"区域"选择需要通过组与组之间的竞争获得。	①建班时间长；②适合高年级。	增强学生的竞争与合作意识。	①衡量标准要特别全面；②多鼓励小组中基础较差的学生参与。

表8-4　座位排列队形

名称	适用课程内容	图例
秧田式	一般授课	
"U"字型小组式	小组讨论交流	
餐桌式	自主、合作、探究"面对面"会议	

名称	适用课程内容	图例
马蹄式	角色扮演、游戏活动、歌舞表演 常用于班会、队会	

表8-5　设置特殊座位说明

区域	特别座位名称	使用说明
 讲台两侧桌椅	教师批改 专座	任课教师在教室批改作业用，注意保洁，放置批改用的红笔。
	作业本临时 堆放座	按照作业类别划分区域，不适合堆放太多。
	学生演讲 准备座	学生上课演讲发言前进行准备工作用。
	电脑操作 专座	电脑信息员操作电脑时用，多用于班会、队会等。
 教室末尾桌椅	课间休息 交流座	设置在教室比较宽敞的区域，适合学生课间聊天、喝水。
	阅读座	一般放在教室图书角附近，方便学生坐下来阅读。
	反省座	学生违反校纪校规、班纪班规时使用，一般设置在教室末端，与其他座位隔开，起到反省效果。
	黑板报准备 专座	一般放置出黑板报所用的工具，椅子也专供黑板报设计布置用。
 卫生角附近桌椅	劳动登记管理 专座	一般放置劳动工具或者岗位表、登记表等等，设置在卫生角附近。

➢ 桌椅排列问答

01

问：座位需要轮换吗？

答： 当然需要。让每一个学生都能够享受到最好的位置。

02

问：如何轮换？人换还是桌换？

答： 定期轮换。具体时间没有特别要求，对于学习没有太多影响。人换方便；桌跟着人一起换能够培养学生爱护桌椅的好习惯。班主任可根据自己班级的实际情况来定。

03

问：教室两侧立柱凸出部分挡住座位了，怎么办？

答： 尽量避开。如果教室空间允许，可与立柱平行。如果不允许则空开立柱，靠墙的学生需要端正坐姿。

04

问：对于不合群的学生，应该怎样安排座位？

答： 首先，班级中学生的性格各不相同，我们不能要求所有的学生都变成"八面玲珑"的交际高手。总会有一两个学生不能迅速融入班集体，或许他们内心很想交朋友，但交朋友的方式不正确，导致他们在班级中没有朋友，没人愿意和他们做同桌。我们要相信孩子的适应性，无论性格多么孤僻的学生，最终或多或少都会找到一两个好朋友。切记不能让他们单独坐，这样对他们的伤害更大。

解决方法有很多，个人建议让班级中那些性格友善、温和、讨人喜欢的孩子慢慢去感化他们。班主任要收集不合群学生的信息，并且分析他们的性格，再为其选择适合的同桌；还要找这些孩子单独聊一聊，教会他们如何与其他人成为朋友。

05

问：不同基础的学生可以安排在一起吗？

答： 可以安排在一起，达到"教学相长"的效果。但是不建议将基础差距非常大的学生安排在一起，因为基础差的学生会有自卑感，不愿主动向同桌求助，基础好的学生也不喜欢重复解答简单的问题。具体情况还需要班主任根据学生自身情况和班情而定。

➤ 桌椅排列博览

特征：常见"秧田式"排列
品评：适用于一般授课
来源：浦江一中

特征：圆桌会议排列
品评：适用于游戏、交流、合作研讨
来源：闵行三中

特征：教室后方排列密集、两边稀疏、前方设置个别座位
品评：适用于辩论赛、听证会等活动
来源：交大二附中

如何管理保护课桌椅?

干净整齐的课桌椅总能给人带来正能量，如果我们能够一直让这些课桌椅维持这种状态，那么整个班集体也会迸发出无穷的活力。

➤ 现场故事

小马又想溜

一天傍晚我正准备收拾东西回家，劳动委员小徐拽着小马冲进办公室。

"小马又想溜！他还没排桌椅呢！"

"哪有！我明明排了！"

我带着争吵的俩人来到"案发现场"一探究竟：桌椅似乎有摆动过的痕迹，但是离"整齐"还有很大的距离。

"为什么不排整齐啊？"

"老师啊，排桌子很累的，我宁可扫地也不要排桌子，而且我也尽力了，要对齐很费时间的！"

"但是你是今天的值日生，这是你的职责！"

"老师你说得轻松，可是排整齐真的很难！"

"老师给你示范一下！"我卷起袖子开始排起来。可一排就发现小马说得没错，排的时候以为对齐了，一看还是有点歪。费了好大力气才排整齐，一看时间早已过了十几分钟。

这时小马又来一句："老师，你排得这么辛苦，可明天大家一来，又会弄得歪歪扭扭的，太浪费了。"

这时我意识到排桌椅可不是一件简单的事情，值日生要排好桌椅需要快捷的方法，同时还需要大家一起来维持才行。

不一样的选美赛

新学期，我们班换了一间新教室，也换了一批新的课桌椅。崭新的桌椅让人赏心悦目，让使用的学生也充满了朝气。可没过一个月，我就发现课桌椅变"丑"了。

有些桌面上横七竖八地留下了修正液的痕迹；有些桌椅上歪歪扭扭地画着奇怪的符号；有些桌椅的脚套掉了，坐上去一翘一翘的。学生们太不爱惜自己的课桌椅了，那么该如何让他们爱护自己的课桌椅呢？

我决定在班级中开展一次不一样的选美比赛——课桌椅选美赛。首先我让学生"承包"自己的课桌椅，接着让学生制作精美的个性名片贴在课桌椅上，然后开班会宣布课桌椅选美大赛，在班会上和学生们一起商量，共同制定评比的项目、标准、期限以及奖励。班会结束后，课桌椅选美大赛正式开始。

之后的一个月，学生对自己的课桌椅可上心了：午饭刚吃完就拿出抹布抹几遍，时不时地检查自己的桌肚有没有垃圾，桌椅有没有损坏。月底选美结果出来了，前三名的同学不仅获得了奖品，还受到大家的赞扬。而这一个月班级课桌椅损坏的情况少多了，也比以前更干净、更漂亮了。

看来小小的课桌椅也能起到大大的教育效果。

➤ 实用妙招

1. 课桌椅整齐排列方法

（1）双人前后对齐法

具体方法：

两人一前一后，目测桌子两边是否在同一直线。

课桌摆放（1）

课桌摆放（2）

（2）拉线排列法

具体方法：

用一根线从一端拉到另一端，所有课桌一边对齐线。

课桌摆放（3）

课桌摆放（4）

（3）参照物法

具体方法：

寻找教室中现有的参照物进行排列，比如以地面瓷砖线作为参照物。

课桌摆放（5）

课桌摆放（6）

（4）桌椅排列具体步骤

一组中先排前两个位置作为参照，然后竖着整组排。

其他组依次参照第一组，横向对齐。

2. 桌椅管理的评比

（1）评比规则

评比周期：一个月。

评比频率：一星期两次，周三中午、周五放学后。

评比内容：桌面保洁，桌肚整理，桌椅保护情况。

评比细则：见"评比标准参考"。

评比准备事项：具体检查个人桌椅，及时报告损坏情况以及整洁程度。

评比奖励：限额自定奖品，并授予最美课桌椅徽章，展示靓照。

（2）评比标准

评比标准参见表8-6：

表8-6　评比标准参考

姓名：		爱桌名称：					
桌椅部位	具体要求	5	4	3	2	1	总分
桌面	无其他痕迹						
	个性名片美观大方						
	个性名片保护良好						
桌脚套、椅脚套	完整无缺						
椅背	无划痕						
桌肚	无垃圾						
	书本摆放整齐						

➤ 桌椅管理问答

01

问：课桌椅损坏了要及时更换吗？

答：依不同情况而定，轻微的抓紧修，严重的必须换，日常要定期检查。

02

问：课桌椅排列整齐的意义何在？

答：①整齐美观的课桌椅能够让班级环境更加优美。

②摆放整齐的课桌椅能够给人一种正能量。

③摆放课桌椅是一个繁琐、耗体力的工作，在摆放整齐的过程中，学生能够培养自己的耐心、责任心。

➤ 桌椅管理博览

| 特征：保护桌椅 |
| 品评：变废为宝、保护桌椅、可多次使用 |
| 来源：闵行三中 |

桌椅毛巾垫

| 特征：根据回家路线设计岗位安排表 |
| 品评：让学生结伴回家、避免值日生感到"孤独" |
| 来源：闵行三中 |

特色岗位安排

解密教室物语，感悟细节魅力

一口气读完"走近课桌椅"这章，眼前清晰地浮现出我所认识的一个"阳光大男孩"的一幕幕场景：艺术节上，自编自导，赢得掌声一片的"三句半"；每周一升旗仪式，站在鼓号队旁边，表情神圣的"指挥官"；课堂上，分不清谁是学生谁是老师的"靠边站"；班会课上，用脱口秀给学生立规矩的"老班"……他，就是上海市闵行第三中学团委书记、少先大队辅导员朱超。

文如其人。读他的文字，纯粹、质朴、轻松、愉快。

走近课桌椅，解密教室物语，感悟细节魅力。这种魅力源于以下特性：

1. 人文性

只有一个对教育事业有深厚情怀的人、对学生有炽热情感的人，才会走近那些冰冷的课桌椅，俯身聆听它们的诉说，听它们诉说学生身体发育的变化，听它们诉说学生行为习惯的改变，听它们诉说学生之间的亲疏远近，听它们诉说与学生之间的"爱恨情仇"。

听懂了课桌椅的语言，也就从一个侧面了解了我们的教育对象的所思所想；通过对课桌椅功能的开发、布局的优化，从而达到"以人文本"的无痕境界。

2. 科学性

教育是科学，这种科学性体现在教育的每一个环节。关于课桌椅高度的调整，书稿中引入了《学校课桌椅功能尺寸》国家标准（GB/T3976-2002）；关于课桌椅的空间开发，朱老师实地调研了一些学校书本收纳袋的好做法；关于课桌椅的装饰，他多方搜集了姓名贴、软玻璃、个性名片等符合学生年龄特征、深受学生喜爱的金点子；关于座位分配，他整理归纳出自选同桌式、抽签分配式、学分交换式、小组竞争式等方法；关于座位排列，他整理归纳出秧田式、U字型小组式、餐桌式、马蹄式等方式，还提出了一些教室里特殊座位设置的新鲜建议。既有国家标准，又有实地调研，充分体现了朱老师的求真意识。

3. 艺术性

教育是艺术，艺术化的教育能收到倍增的效益。教室是学生在校生活的主要场所，课桌椅基本上勾勒出学生学习生活的物理空间，对这一物理空间净化、美化，并进行个性化设计，能起到培养孩子良好习惯、塑造美丽心灵、引导个性发展的多重功效。人们常说的"让学校的每一面墙都说话，每一处景都传情"，就是从艺术的视角、用艺术化的手段来优化学习生活环境，从而实现润物无声的教育效果。

期待这本书早日面世，让更多的班主任读懂教室物语，读懂学生心灵，增长教育智慧。

上海市闵行第三中学校长　王全忠

第 9 章　我与地面有约

劳动工具怎么选用?

教室地面如何保洁?

地面空间的管理和利用

魏芳芳

电子邮箱：85211747@qq.com

个人介绍：魏芳芳老师在从事教育工作的 15 年中，有着 13 年的班主任工作经历。"因我的存在而让他人幸福"是她的德育工作理念；"自主快乐、积极向上"是她建班育人的理念。她曾先后获得上海市园丁奖、闵行区园丁奖，以及闵行区优秀班主任、优秀中队辅导员等荣誉称号，此外还荣获闵行区第五届和第七届长三角地区中小学班主任基本功大赛二等奖。

劳动工具怎么选用？

地面维护的事情虽小，但需要用到的劳动工具可不少。扫地、拖地、擦地和清洁都需要工具，如果不费心挑选这些工具，那么孩子们在打扫卫生时可能要多做很多无用功。

➤ 现场故事

为什么畚箕的把手总是坏？

最近发现一个怪现象，我们班同学在打扫卫生时使用的畚箕竟然没了把手，值日的同学只能拿着畚箕头蹲在地上畚垃圾。起初我以为是畚箕不结实，就让学生到学校总务室换新的畚箕，可是过了几天新换的畚箕又坏了。后来我还发现年级中好几个班级都在使用断了把手的畚箕，学生们使用起来很不方便，垃圾还很容易弄到手上，导致畚垃圾的同学意见很大，在分工时有不满情绪。

为什么以前没有出现这么频繁的畚箕把手折断的情况呢？经过了解调查，我发现畚箕大多数是在周五出现损坏的，这不可能是学生的粗心造成的。难道是学生们下课拿畚箕玩耍造成的吗？于是我叫来劳动委员，仔细询问学生们课间的情况，可是劳动委员斩钉截铁地告诉我，从来没有同学拿畚箕玩耍。

这可就奇怪了，怎么一个年级的畚箕都出现了一样的问题呢？作为年级组长的我，找来每个班级的劳动委员，询问畚箕的使用情况，终于找到了原因。原来是学校活动非常频繁，且都安排在周五开展，举办完活动后留下了很多垃圾，清扫的学生在用畚箕装运比平时重的垃圾时，特别容易折断畚箕把手。其中有一个细心的劳动委员还告诉我说，这些畚箕的把手质量似乎有点差。

我仔细观察了这些畚箕，发现原来班级使用的畚箕清一色都是塑料材质的，这样的畚箕在清扫少量垃圾时不容易损坏，但是，如果垃圾稍微重一点，畚箕的把手就容易折断。

我向学校相关部门汇报了这些情况，学校重新购买了一批畚箕，既有轻便的加固塑料畚箕，也增加了少量铁质畚箕。之后，这种事情就很少发生了。

都怪那讨厌的口香糖！

又到一个月的"最美教室"评比了，学生们满怀期待地等待着学校流动红旗的颁发——前面已经拿到了两次流动红旗，再获得一次就可以评上"行规示范班"了。可是结果令所有同学感到失望和气馁，流动红旗竟被隔壁班级获得了。

中午10分钟队会时间，班长带领同学们仔细自检了教室的各个区域，令大家都没想到的是：门后的地面上有口香糖污迹，与洁白的瓷砖地面形成鲜明的对比。原来是一块口香糖惹的祸呀！

接着，同学们针对这个问题进行了讨论：口香糖到底能不能在学校出现？有的同学举例子来证明自己反对的观点，说这不仅仅是地面保洁的小问题，而是爱护环境的大问题。接着大家尝试用各种方法去除：首先想到的是用尺子刮，可是竟然刮坏了一把塑料尺；然后用不锈钢尺子，虽然大部分刮掉了，但是贴在地面黏黏的一层还是去不掉；最后有同学提议向学校的保洁阿姨求助。后来，保洁阿姨找来了一小块冰，在口香糖污迹上敷了30秒，然后用小铲子慢慢铲除，竟然一干二净了！真没想到，一团小小的口香糖污迹的去除还有这么多的门道，看来保洁工具的合理使用很重要呀！

拖把也要变美吗？

"爱美之心，人皆有之"，这句话大家都能理解，但为什么拖把也爱美了呢？这还得从我们班那把恶臭的棉布拖把说起。

上个月，我班开了一次区级主题教育公开课，教室里满满当当地坐满了全区德育方面的领导和兄弟学校的班主任同行们，同学们怀着无比兴奋的心情成功进行了展示，得到现场听课者的高度评价：这是一个积极向上的班集体；每个同学都有精彩的呈现；班风班貌充满着正能量……作为班主任的我，听到如此高的评价，也感到无比的自豪。但是坐在门旁的一个老师临走前一句小声的嘀咕却给了我当头一棒，让人难以招架。

"这样一个充满活力的班级，门后的拖把竟然有异味，熏了我一节课呀！"

虽然这句话没几个人听见，却让我如鲠在喉，这虽不是影响公开课的主要因素，但这个小细节也给我的班主任工作敲起了警钟：劳动工具的维护要重视！

对于棉布拖把或者棉条拖把，每次用完要立即洗干净，再把水拧干净晾晒在室外，才能保持拖把的清洁。否则很容易腐烂，滋生细菌和病毒，散发异味，影响学生们的身体健康。虽然我们班级现在换成了"甩桶式拖把"，不再需要用手拧干，但是还是要定期晾晒，这需要工具管理者更有责任感！

➤ 实用妙招

常用劳动工具指的是必不可少的那些工具，通常包括畚箕、笤帚、抹布、拖把等。它们的材质和特点，参见表9-1：

表9-1　常用劳动工具的材质、特点

常用工具	图片	材质	特点
畚箕		塑料	优点：轻便。 不足：易损坏。
		铁皮	优点：较牢固。 不足：稍重。
笤帚		高粱糜子	优点：环保。 不足：较重、材质容易脱落。
		棕丝	优点：较轻便。 不足：易受水浸。
		塑料	优点：轻便。 不足：易损坏、不环保。
扫帚		竹子	优点：方便打扫教室外走廊。 不足：材质容易脱落。

常用工具	图片	材质	特点
拖把		棉布拖把	优点：吸水性强，拖地面积大。 不足：很重，拖起来累，还得用手把水拧干，拖完地也是湿湿的，容易打滑，易腐烂。
		胶棉拖把	优点：手不用沾水，吸水性强。 不足：海绵、拖把的零件容易坏。
		吸水无尘拖把	优点：拖的范围大，节省时间。 不足：布要经常手洗，吸水性不强。
		旋转式拖把	优点：易于脱水。 不足：拖地面积小，吸水性不强。
		甩桶拖把	优点：甩动清洗、轻巧，存放方便，可以拖地，也可以擦玻璃和墙面。 不足：吸脏污力一般，拖把头不好清洗。
抹布		棉质、竹纤维、锦纶	优点：易于擦拭较小面积。 不足：白色不易于清洗。

备用劳动工具，指的是那些不常用但确能发挥神奇效果的劳动工具，有了它们，你的教室会比别人的更容易得到"优美教室"的荣誉称号。这些工具有以下几种，参见表9-2：

表9-2　备用劳动工具的选择

备用工具	图片	材质或类别	备注
钢丝球		不锈钢	易清洁顽固污渍，不适于容易摩擦损害的物体表面。
砂纸		金刚砂纸、人造金刚砂纸、玻璃砂纸	可用于研磨墙面和地面等。
洗洁精		喷嘴式、常规型	使用时请注意安全，用完要洗手。
刷子		长柄、短柄等	可用来清理顽固污渍。

➤ 劳动工具使用问答

01

问：拖把经常拧不干净，怎么办？

答：需教学生拧，如有条件建议使用便捷型旋转式拖把。

02

问：劳动工具要保洁吗？

答： 当然要保洁。这样不仅可延长劳动工具的使用寿命，还可以防止其对学生们的身体健康带来损害。

03

问：劳动工具如何管理和维护？

答： 有条件的学校，劳动工具可以放在垃圾柜里，这样比较美观。实际上，无论劳动工具摆在哪里，管理都很重要，做到每天整洁、有序地摆放考验的是学生的劳动习惯和责任心。

04

问：劳动工具柜一定要有吗？

答： 条件允许可以使用，但是不论是否有劳动工具柜，劳动工具的摆放都应该保持整洁、有序。不能因为有了柜子，而忽略了劳动工具本身保洁的重要性，这也是劳动重要的一部分。

05

问：学生不爱扫地怎么办？

答： 现在的学生缺少劳动机会，建议班主任在班会课上多进行关于劳动方法的指导，对于劳动积极者多表扬，营造劳动光荣的氛围。班主任也可以和学生一起劳动，这样不仅培养了师生感情，也能逐步培养学生爱劳动的习惯。

➤ 劳动工具博览

  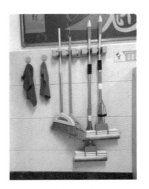

来源：君莲学校　　　　　来源：奉贤实验　　　　　来源：交大二附中

教室地面如何保洁？

教室地面保洁在很多老师眼里是小事一桩，但大多数教室打扫过后还是有很多问题，这是为什么呢？

➤ 现场故事

垃圾桶，去还是留？

作为连续 5 周获得流动红旗班级的班主任，我对班级管理，尤其是卫生管理还是有份自豪感的。每天早上巡视一遍教室，看着各个角落干干净净的，一天的心情都很愉悦，可万万没想到的是，我竟然收到了校长发来的一条微信，还附图一张。

我顿时觉得面红耳赤，如芒在背。那张图片上赫然矗立着我班的垃圾桶以及周围簇拥的白色刺眼的三三两两的纸团，这是我班级的吗？我简直不敢相信，马上以百米赛跑的速度冲到教室，推开后门，发现那些纸团是如此得抢镜，如此得有冲击力，真让我招架不住。

原来是我班先前的大垃圾柜坏了，学校新换了一批小的垃圾柜，结果垃圾桶怎么也放不进去。没办法，学生们就把垃圾桶放在了教室后面的书包柜旁边，因为垃圾桶没有了柜子的保护和约束，学生们竟像投篮一样把垃圾投进去，尤其是男孩们玩得不亦乐乎，很享受这个"投篮"的过程。

虽然我当时责令值日生把垃圾桶周围打扫干净，但是接下来的几天，同样的状况还是出现了，本来为大家提供方便的垃圾桶竟然变成了班级卫生的累赘，拉了班级形象的后腿。于是，我偷偷地把垃圾桶藏了起来，班级不再设垃圾桶，让每个学生自带垃圾袋。几天下来，学生们与垃圾紧密接触后，向我申请把垃圾桶"请"出来，要好好爱护它。

经过了这次垃圾桶失而复得的事情后，大家才明白，垃圾桶周围的保洁是多么的重要，否则垃圾桶的存在就失去了应有的意义了！

这地面，扫了还是没扫？

垃圾桶的事情刚解决，接着数学老师李老师一大早就找我投诉：一赶到教室就发现整个地面有点脏乱，而且地面上还有不少较为明显的脚印。会不会是学生昨天忘记打扫卫生了呢？

我找来打扫卫生的 4 个同学，和蔼地询问："你们昨天打扫卫生了吗？有没有认真拖地呢？"一向都很调皮的张登峰骄傲地望着我："报告老师，我们昨天卫生打扫得很认真，回去很晚，不信你问问门卫张大爷。可是不知道为什么，今天一到教室就发现被别人搞脏了。"这个学生从来都不说谎的，难道还有其他原因吗？

我仔细观察了教室内的脚印，并找来拖布轻轻地擦去了这些痕迹。我细细思量，大致明白了事情的经过：估计是孩子们拖地时拖把拧得不够干，拖完地后看起来很干净，其实是水的反光，事后，孩子们又在班级继续走动，于是就留下了很多明显的脚印。我随后咨询了打扫卫生的学生，印证了所有的猜想。我告诉他们拖地的时候，一定要等地面干净以后再走动，或者湿拖后马上干拖一遍。孩子们感慨道：原来拖地也有这么多的讲究呢！

劳动，真的简单吗？

我们班是年级里整体学习情况较好的班级，大多数学生有明确的学习目标和追求。可是经过一段时间的观察，再结合每月"学习标兵"和"劳动之星"的评比情况，我发现了一个奇怪的现象："学习标兵"获得者的劳动能力相对较为薄弱。这是为什么呢？

很多学生把打扫卫生看作是没有技术含量的体力活，有些学习优异的学生更以学习优秀为资本，轻视劳动的真正价值。最简单的扫地不仅是体力活，也是脑力活，因为你要考虑如何扫得更干净，如何用最短的时间发挥最大的效益等，扫好地是多种因素共同作用的结果。

我多次深刻地体会到：与学生们一起劳动后，师生的心情变得愉悦了，因为大家为了共同的目标，付出了努力、付出了劳动，体验着地面干净如新的快乐，这就从生命体与物体的关系转化为了生命体之间的关系。这个过程，需要我们用心体会！

➤ 实用妙招

地面打扫方法需要掌握四字妙诀：挪、扫、拖、擦。

前提：放学后，所有学生迅速离开教室，这样才能让值日生快速高效地打扫地面。

挪

扫

拖

擦

（以上图片均来自君莲学校）

地面打扫的最佳时间是什么时候呢？大概需要多长时间呢？大家可参考表 9-3：

表9-3　地面打扫时间表

打扫时间	要求	需要时间	效果
午休时	粗略扫一遍	5 分钟	教室里没有大纸屑。
放学后	彻底打扫	10 分钟	地面非常干净。

顽疾如何清理？大家可参考表 9-4：

表9-4　巧解卫生顽疾方法

顽疾	工具	方法
粉笔印	潮湿的抹布	用清水反复擦拭。
口香糖	冰袋或冰冻的水	冷敷 20 秒以后再迅速用木铲或铁铲清除。
	醋	用醋擦除小块口香糖。
不明污迹	抹布蘸清洁剂	擦除木质地板。
	钢丝球蘸清洁剂	擦除瓷砖或大理石地面。

➤ 地面清洁问答

01

问：教室地面每天都要拖吗？

答：最好是每天都拖，因地制宜，因情而定。

02

问：卫生死角怎么清扫？

答：打扫卫生需要注意的死角有：墙角、暖气片下面、门后面、讲台下、饮水机下、书柜下等。这些地方容易积攒灰尘，且不易清除干净，建议用抹布擦拭。如果灰尘过多，可以放少许洗洁精，再用力擦拭；如果有污渍，还需用钢丝球蘸些许洗洁精，擦除完，再用干净的抹布擦干。

03

问：怎样快速清干地面上的水迹？

答： 第一种方法是使用教室内的吊扇，只需要打开3分钟，整个教室迅速就清干了。第二种方法是用干拖把重新拖一遍。首推第一种，简单、省力、快速。

04

问：卫生角标语可有可无吗？

答： 卫生角标语很重要，它不仅可以时刻提醒学生卫生的重要性，还可以起到强加班级文化建设的作用。

➤ 地面清洁博览

来源：新清华博世凯学校

来源：闵行三中

来源：君莲学校

来源：奉贤实验

地面空间的管理和利用

教室卫生标准一般考虑的是整体性，地面清洁只是其中的一部分，但是如果没有地面卫生的管理和评价标准，班主任的卫生管理工作会事倍功半……

➤ 现场故事

"懒"班主任的秘密

小徐老师刚刚担任隔壁班的班主任，干劲十足，可是最近却被一些班级卫生等小事搅得心神不宁。事情是这样的：学校最近为了迎接国庆节，开展了校园卫生评比活动，徐老师班的卫生原来一直都还不错，但在评比过程中总是位列后几名。其实，徐老师经常在班会上叮嘱学生认真对待这件事，但效果不佳。

因为我班每次都名列前茅，所以徐老师特来向我取经。我笑着说："我很忙，你也是知道的，我真的没有时间来管理这些小事，我都是交给学生们自己管理的，在这个方面，我可是个'懒人'。"

徐老师听了我的话感觉更不可思议了，她留心观察了几周，终于发现了一个秘密。

原来真的是学生们自己管理的，他们成立了一个"卫生管理学分银行"，班级每个人都有劳动分工，尤其是地面保洁，分工非常明确：劳动委员是"银行行长"，负责计分；小组长监督管理，与学校流动红旗评比相结合，每星期小结一次，每月评比一次。我把管理卫生的大权交给学生，表面上，我没有管理此事，其实一直在暗中观察，当出现问题时，我会跟组长私下里开会讨论如何解决问题，对于同学们取得的进步及时地表扬或者鼓励，并把好的经验逐渐融入到班规中去。虽然我们还制定了奖惩制度，但学生们似乎从来都没有出现过偷懒现象。原来这就是秘密啊！

这样看来，有时候班主任适当地偷偷懒，向学生示示弱也不是件坏事情呢！

不要小瞧它！

一个阴雨绵绵的上午，我在上第三节英语课时发现了一个奇怪的现象：点名徐灿到黑板上默写单词时，他一瘸一拐地走了上来，不仅后背湿了一块，而且裤子上有一些污迹。但是看起来又不像是淋了雨，难道他就是穿着这样的脏衣服来上学的？

下课后，我喊徐灿到办公室了解情况，原来他在第二节课后在门口一不小心摔了一跤，除了衣服上有水迹和污迹外，小腿也受了轻伤。

我赶紧走到教室观察，发现门口有一摊水迹。同时还发现，同学们在进入教室之前，都会在门旁下意识地踩踩脚以去除脚上的雨水，怪不得徐灿会在门口摔了一跤呢！虽然原因找到了，但如何解决这个问题呢？

其实，这个问题与地面维护有很大关系，只要在教室门口铺设一个防滑方垫就可以了，当然也可以每节课后指定学生用拖布清理一下门口的水迹。

追赶阳光的小花

我爱花，在我的影响下，学生们也喜欢上了养花。到我们教室一看，那些花花草草绝对吸睛：水培植物在透明的器皿中映着阳光闪闪发亮；盆栽植物有的开花，有的冒芽；还有那四季常青的萌萌哒的"肉肉"更是可爱至极。尤其到了冬天，摆在南边窗户下一排追着阳光的小花成了孩子们下课驻足欣赏的对象。每节课的课间，花儿们跟着阳光跑，孩子们跟着花儿跑。

可是毕竟空间有限，有两次学生竟然因为下课抢夺赏花的最佳"地盘"而发生了争执。冬天门窗关得紧，学生们局促在狭小的空间里，呼吸着高浓度的二氧化碳，高雅的放松方式竟然有了不和谐的色彩。

一个念头在我脑海中闪现，既然小花儿追着阳光跑，为什么学生们不能像花儿一样追着阳光跑呢？所以在阳光明媚的日子里，我们班级的花儿被挪到了温暖的阳光下，我们班级的学生们也被我"赶"到了阳光下。

我们班级有限的地面空间也随之拓展到了冬日暖暖的走廊里，当然，还有那些美丽的花儿相伴。

➢ 实用妙招

教室地面保洁技巧，可参考表9-5、9-6、9-7：

表9-5　教室地面保洁管理

分工	挪桌椅	扫地	拖地	摆桌椅、倒垃圾	卫生死角
星期一					
星期二					
星期三					
星期四					
星期五					
备注	①卫生死角指的是书柜下、饮水机下、电脑桌下、门后等区域。②空白处为值日生名单。				

表9-6　教室地面保洁评价参考

序号	要求	分值					得分
1	教室地面保持干爽、无灰尘、无污迹	5	4	3	2	1	
2	饮水机下无水迹	5	4	3	2	1	
3	地面无果壳纸屑	5	4	3	2	1	

序号	要求	分值					得分
4	门后、电脑桌下、书柜下干干净净	5	4	3	2	1	
5	地面无口香糖痕迹	5	4	3	2	1	
6	劳动工具摆放好	5	4	3	2	1	
7	讲台保持清洁无灰	5	4	3	2	1	
8	午饭后地面无米粒、剩菜	5	4	3	2	1	
9	劳动工具常清洁	5	4	3	2	1	
10	垃圾桶周围无垃圾	5	4	3	2	1	

表9-7　门口地垫选择参考

地面材质	门垫材质	功能
瓷砖地面	橡胶PVC地垫	防滑、防水
木质地面	棉质或超细纤维地垫	细小的草根、灰尘可蹭掉
水磨石地面	塑胶材质	防滑

➤ 地面保洁管理问答

01

问：地面保洁管理的原则和方法有哪些？

答：建立卫生监督小组、落实卫生责任、经常检查、及时鼓励。

02

问：卫生评价标准能够量化吗？

答：量化的前提是和师生共同讨论评价标准，并在形成之初坚持师生一起点评，让标准得到大家的认可后，作为手段的量化评价标准就会发挥强大作用。

03

问：划分小组的标准是什么？

答：多数情况下，按照横排或者竖排座位来分组，也可以根据区域分组或者学号分组，前者使用较多。一般情况下，小组成员固定，分工也固定，但也可以根据学生的兴趣和特长，进行招标式的分工。

04

问：**如何把好卫生质量关？**

答：在标准执行之前，每天的值日需要在大家的共同监督下完成，每项标准都要认真考核，可能开始的时候比较耗费时间，但是只要坚持一段时间，就会被大家所接受和内化，变成规则。

05

问：**关于地面保洁，如何奖惩学生？**

答：没有竞争就没有动力，没有规矩不成方圆。制定科学的奖惩制度，对勤奋、认真、乐于助人者予以褒奖，对逃避责任、偷奸耍滑者予以惩处。

➢ 地面空间管理博览

来源：交大二附中　　　　　　　　来源：君莲学校

跳出教育看教育

苏霍姆林斯基说："只有创造一个教育人的环境，教育才能收到预期的效果。"可见环境对人的影响是毋庸置疑的。

魏芳芳老师分享的"我与地面有约"这一章，看似是班级生活中最朴实、最不起眼、最"接地气"的一个小小的"点"，却折射出班级文化建设的"大智慧"。案例中呈现的是班级发生的琐事，而老师和学生们却从中挖掘出班级环境文化建设的智慧妙招，并在潜移默化中使环境育人的功能得以实现。叶澜教授提出的"把班级还给学生，让班级充满成长气息"，这一闪烁着人性光辉的"新基础教育"班级建设理念，在本章中得到了最好的诠释和实践。师生共同在"教室"这个场景中，在"教室地面"这方校园生活的最小的舞台上，打造着属于自己的特色班级文化。

在"教室地面如何保洁？"这节中，3个"现场故事"引发了3个困惑：垃圾桶，去还是留？这地面，扫了还是没扫？劳动，真的简单吗？背后却是育人资源如何挖掘的深入思考。

垃圾桶，去还是留？——这是责任意识的培养。

这地面，扫了还是没扫？——这是诚信品质的树立。

劳动，真的简单吗？——这是做人"三观"的端正。

一个个"小困惑"推出后，一个个"小妙招"自我解惑，在"教室地面"这"班级生活一角"中呈现着师生快乐平凡的班级生活，记录着师生共同成长的乐趣。虽是简单的地面打扫，却也是劳动育人最基本的价值体现。魏芳芳老师巧妙地利用了地面这一浅层载体，充分培养了学生的责任、合作、共育等深层次的育人观，并对学生进行了相关价值取向的引领。

本章切入点"贴地、实在"，更是从另外一个维度体现出"跳出教育看教育"的育人思考。

上海市闵行区君莲学校校长　郑菊兰

第 10 章　玩转黑板报

如何做好出黑板报的前期准备？

如何逐步完成黑板报？

如何管理与评价黑板报？

葛　慧

....

电子邮箱：22661050@qq.com

个人介绍：葛慧，上海市松江区德育名师，上海外国语大学松江外国语学校中学部数学教师，已从事班主任工作12年。曾被聘为上海市松江区第一届、第二届班主任工作室主持人，并取得上海市首届心理疏导师资格证书。

如何做好出黑板报的前期准备？

一期好的黑板报，向我们传递着思想与文化、精神与力量、美学与创造，承载着青春岁月与美好的回忆！殊不知，出一期好的黑板报需要师生做大量的前期准备工作。

➤ 现场故事

宣传委员的烦恼

马上就要黑板报评比了，可是我们班的黑板报还没有开始弄，作为班主任的我又气又急！到底出了什么问题，每一次出黑板报都这么困难！于是，我立刻召集班委会成员开会，讨论问题，寻找原因。

宣传委员小王说："觉得自己辛苦出的黑板报，同学们5分钟就看完了，每年都是那几个主题，同学们早就看腻了。"

副宣传委员小李说："我从小学画画，但是在黑板上和在纸上画画不一样，我们缺少专业的工具。"

学习委员无奈地说："学习压力大，出黑板报感觉就是负担，有的时候就是换一换里面的文字，画面就不动了，这个时候也不在乎学校大队部的评价了。"

班长小郭也说了大实话："有的时候就是应付学校检查，学校如果中午检查，上午课间就几个伙伴搞一搞，检查的时候不空着就行啦。重要的是老师们都关注学习，所以大家都不重视，就是完成任务嘛！"

会后，我反思、梳理了黑板报要解决的几个问题：

①选择比较切合实际的黑板报主题，让黑板报更好地发挥它的育人和宣传功能。

②定期举行宣传委员学习班，交流经验、增长见识，并邀请美术老师指导和点评。

③明确黑板报要求，制定评价标准，监督黑板报的质量。

④将每一期的黑板报拍照留底，建立学校黑板报资料库。

通过这次出黑板报风波，我和同学们一起梳理出了一期好的黑板报到底需要哪些前期准备。

➤ 实用妙招

出黑板报常用工具的特点及用途如下。

1. 尺类

尺类工具的相关信息，如表10-1所示：

表10-1　尺类的特点及用途

工具	特点	用途
直尺	优点：又长又直（最长100厘米）。 不足：难以保证水平；容易断。	画长线； 分割大区域版块。
三角板	优点：有角度；方便画水平线。 不足：相对较短（最长50厘米）。	画直角（转角）； 画一组水平线。
磁尺	优点：自用粘贴在黑板上。 不足：太短（最长30厘米）。	排齐，粘贴在黑板上； 隐性画线，方便把一行的字写直。
透明胶带	优点：简单、方便；不伤黑板，不留痕迹。 不足：拉直会有误差。	隐性画线，无痕操作、快捷； 最细的就可以，价廉物美。

2. 笔类

笔类工具的相关知识，如表 10-2 所示：

表10-2　笔类的特点及用途

工具	特点	用途
白粉笔	优点：教室必备。 不足：不适合写标题和绘画。	常用于写正文的小字； 常用于画线。
彩粉笔	优点：教室必备。 不足：颜色不够鲜艳，呈颗粒状。	常用于写标题； 常用于画插图。
水溶性粉笔	优点：颜色较鲜艳；颜色均匀。 不足：价格较贵。	常用于写标题； 常用于画插图。
色粉笔	优点：粉末细小；易着色。 不足：不能独立使用。	常用于画立体效果； 与油画笔、喷壶、餐巾纸搭配。
铅笔 （2H 硬度）	优点：颜色隐蔽便于画暗线；使用快捷、方便。 不足：不易擦，要使用橡皮；反光笔印。	与尺配合，画隐形的线； 要用橡皮擦掉。
尼龙水粉笔小号中号	优点：配合水粉，易清洗。 不足：笔杆较长，不易保存。	1、4 号笔，画图勾边。
猪鬃油画笔大号	优点：写标题大字的得力工具。 不足：不易清洗。	配合水粉，写标题大字； 大面积绘画涂色。

3. 颜料类

颜料类工具的相关知识，如表 10-3 所示：

表10-3　颜料类的特点及用途

工具	特点	用途
水粉颜料（又称广告色）	优点：不透明、覆盖力较强；颜色比粉笔亮丽；可用水洗清除，方便；盒装量大，便宜。 不足：不加白色颜色暗；干燥后易失去光泽；不易保存较长时间。	写标题大字； 绘画涂色； 白色多备，可增加色彩明度。
水溶性胶水	优点：透明、粘稠；可水洗。	附在水粉画上，使画面保持较长时间。
调色盘	用大号的。	颜料调色。
水桶	1升的容量。	清洗水粉笔。
丙烯颜料（不建议）	优点：颜色饱和、鲜润；几分钟速干。 不足：涂色质感比较稀薄，要上色多层；颜色未干时，可水洗；颜色干后，不可水洗；价格贵；对黑板有一定的破坏。	虽然有些化学试剂可擦掉丙烯颜料，但还是很难擦，对黑板有很大的破坏，用完了会后悔。

4. 擦拭工具

擦拭工具的相关知识，如表 10-4 所示：

表10-4　擦拭工具的特点及用途

工具	特点	用途
橡皮	优点：教室必备。 不足：只能擦铅笔印。	擦用来画线的铅笔印。
松节油	优点：针对性强（丙烯颜料）。 不足：味道大。	擦丙烯颜料。
抹布	优点：教室必备。 不足：反复擦拭；不溶于水的不适用。	擦黑板，干湿抹布并用。

01

问： **教室里为什么要有黑板报？**

答： 黑板报是教室里最大的装饰品，一整面墙都是它的语言，所以它的影响力很大。

黑板报是教室里的第一"知网"。当同学们走进教室，大家会对新一期黑板报充满好奇，想去读一读。它丰富着班级的文化，开阔着师生的视野。

黑板报是教室里的第一"媒体"。课间休息片刻，几个小伙伴会凑到一起发表自己对这期主题的所见所闻所想。它加强着师生之间、生生之间的交流与合作。

黑板报是教室里的第一"书画展"。黑板报上精湛的画工、俊美的字体、雅致的外观陶冶着师生的情操，展示着班级的风貌，是班级一道亮丽的风景。

02

问： **黑板报都是"黑板"吗？**

答： 传统的木质黑板材质现在用得比较少，目前比较常用的大都是绿板，少数也有白板。水泥制黑板在街道和一些偏远的农村学校还有。

绿板主要由珐琅和树脂高分子聚合而成，优点是板面平整、纹理细腻、不反光、能缓解视疲劳，不足是彩色粉笔在绿板上不好协调，所以在绿板上出黑板报可以配以水粉等新颖工具。

如何逐步完成黑板报？

出黑板报是有章可循的，从画线到布局，从标题到正文，都有一定的方式、方法和技巧。

➤ 现场故事

老师，我也想出黑板报，但是我不会！

黑板报前期准备工作已经完成，接下来我们要动手出黑板报了！因为每一期黑板报总是两位宣传委员出，他们有的时候回家很晚，长此以往，家长会有意见。所以我决定成立宣传小组，让更多的同学有机会为班级服务。

于是，我向班级有兴趣参加黑板报工作的同学们发出邀请，同学们热情倒是蛮高，但也有顾虑："老师，我也想出，但是我不会。"

同学们的参与热情非常宝贵，所以我决定组成"学徒小组"，组织报名的同学一步一步地在参与黑板报制作的过程中学习起来！

学习过程中，大家认为最难的就是写"标题大字"，这个大字写得好不好直接决定了整个黑板报的水平。所以，没有同学敢于写大字，都抢着写小字。

这下好了，一群人都抢着写小字，写过后才发现把一行小字写得水平、整齐又是难题。写歪了擦掉，黑板又脏了，反反复复，找不到好的办法！

有的同学画插画，在网上搜到适合的美图就画上去了，得意极了，但画完了才发现整个黑板报没有整体性。大家觉得要是先做好整体规划设计图就好了，所以这个工作的顺序是该研究研究了。

总之，在具体出黑板报的过程中，新手们遇到了好多问题。这个时候，就该我出场了。作为美术爱好者，我打算和同学们一起来梳理一下出黑板报过程中的小智慧……

➢ 实用妙招

1. 黑板报工作流程

设计草稿 → 画框架结构 → 写标题大字 → 版块分割 → 正文划线 → 写正文字 → 插画

2. 各步骤技巧参考

（1）草稿设计技巧

草稿设计相关技巧，如表 10-5 所示：

表10-5　草稿设计技巧参考

草稿设计	特点	纸质草稿可更改，很便捷； 可以设计多稿供参考和选择。		
	意义	设计稿的质量决定了黑板报内在的质量（技术之外）； 使黑板报实施工作快捷，工作过程充满了确定性。		
	设计内容	框架稿设计	确定风格	根据主题需要，确定风格； 节日风、中国风……
			注重整体	整体设计要和谐统一。
			版块分割	内容要划分成几个版块？ 各版块间如何用图案分割？
			位置比例	标题位置？（每个字大小、位置） 各版块位置划分？（高度、宽度） 插画位置、大小？ 关注各部分与黑板的比例搭配。

			定大标题	根据主题确定大标题具体是哪几个字； 关注标题的号召力、概括力、吸引力。
		内容稿设计	确定正文	内容的字数； 内容要切题； 内容的时效性。
			定小标题	表达主题的主要方面。

　　草稿设计是黑板报创作的雏形和参照。作品是否有创意，在草稿设计这个环节就决定了。一份优秀的草稿设计，应该经历几番修改，广泛听取意见，凝结个人智慧和集体智慧。

　　（2）画框架结构技巧

　　妙招一：

　　结合主题的特征，首先在纸上或者电脑上进行黑板报的等比例框架设计。

草稿图纸

黑板上按照图纸画出框架

效果图欣赏：

来源：上外松外

　　（注：这个图来自我们班级，设计了整体框架后制作的黑板报规范多了！）

妙招二：

设计黑板报要规划好几个版块，各版块要和谐统一，根据主题设计整体风格，这个环节非常重要。

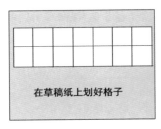

在草稿纸上划好格子

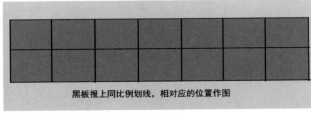

黑板报上同比例划线，相对应的位置作图

（3）标题大字书写技巧

黑板报的标题确定了整个黑板报的风格和质量。正因为重要，标题也是最难把握的。因此，找对方法很重要，恰当的方法会让你写标题变得轻松。下面来介绍几种好用的方法，如表10-6所示：

表10-6　标题大字书写技巧

方法	方法示意	方法说明	特点
妙招一：粉笔横用		彩色粉笔长3厘米左右，平放在黑板上直接写出工整的大字。	简单、快捷、工整。
妙招二：湿用粉笔		彩色粉笔浸湿，然后同妙招一。	颜色亮丽、质地均匀、有水彩的感觉。
妙招三：勾边对比色		红色的标题字，用黄色粉笔勾边。勾边方法：右侧、下侧。	对比色使大字亮丽。

方法	方法示意	方法说明	特点
妙招四： 借用湿抹布		用湿抹布写出大字，用亮色粉笔勾边，勾边时有一些抖动。	效果像书法，更自然。
妙招五： 单线勾外边		用白粉笔单线写出大字，然后用彩色粉笔在外侧勾边，最后再把白色粉笔擦掉。	适合低年级小朋友。
妙招六： 描重加粗		用彩粉笔单线写出大字，然后用同颜色粉笔把字重重描粗。	适合低年级小朋友。
妙招七： 纸张打印		用电脑打印大字，选择"华文彩云"，字号400。把字剪下来，保留黑边。用对比色的纸剪成正方形做背景，然后粘在黑板上。	简单、快捷。

　　以上是一些写标题大字的比较简单的方法，除了方法变换之外，还有字体变换、颜色变换等等。标题色彩应该有主色调，不宜太复杂，要简练明快，突出主题。其实还有无穷的创意值得我们去欣赏，下面来欣赏一组标题字的创意图。

效果图欣赏：

来源：上外松外

来源：上外松外

来源：上外松外

来源：上外松外

来源：上外松外

来源：蒙山中学

来源：上外松外

（4）版块分割技巧

版块分割不宜过多，一般 2 ～ 4 块，分 3 个版块的比较常见。分割方法如表 10-7 所示：

表10-7　版块分割方法

分割方法	特点
妙招一： 用花条分割	花条呈长带状，花条上的花纹图样简练； 唯美、一体化。
妙招二： 用线条分割	常画成基本的几何图案，注意对称美； 简洁、明快。
妙招三： 不分割	艺术效果好； 文字少，对画面和标题大字对主题的表达要求高。
妙招四： 用图分割	自然过渡； 图文结合。

通常来讲，文字是黑板报的主体，所以基本上要进行区域划分。不过，现在有许多黑板报走向了宣传画方向，文字几乎只有标题，整张黑板报基本都是图画语言，非常有震撼力，也达到了教育的效果，所以这一种

没有划分版块。总之，大家要以结果是否达到教育目的为评价标准，不拘一格。

（5）正文画线技巧

正文画线的相关技巧，如表 10-8 所示：

表10-8　正文画线技巧

方法	线的种类	工具	使用图	特点
妙招一：粉笔线	明线	尺 粉笔		常用白色画线； 画线较粗、效果笨拙； 掐断粉笔用尖锐边缘画线。
妙招二：弹线法	明线	线 粉笔末		粉笔末弹线较细； 快速绘制； 不伤黑板； 效果较隐蔽。
妙招三：铅笔线	暗线	尺 铅笔		黑线极细、非常隐蔽； 用橡皮可轻松擦掉； 效果整齐、明快。
妙招四：划痕法	暗线	尺 钥匙		轻轻使用钥匙，留下较浅印记； 木质黑板常用。

方法	线的种类	工具	使用图	特点
妙招五：磁条法	无线	磁尺若干条		可粘贴在黑板上；写好字之后拿掉磁条即可；无任何痕迹；适用于能吸磁铁的黑板。
妙招六：胶带法	无线	细胶带		非常方便；操作无痕；不伤黑板；适用于各种黑板；工具易于存放。

使用以上各种正文画线的方法时，要注意把握好行间距，并且头尾对齐。熟练者，不用画线，也会把字写得很整齐，但是要经过一段时间的实践才能锻炼出来。就我们同学而言，还是要经历这一步的，所以好好研究、积累经验还是很有必要的。

（6）正文书写技巧

正文书写的相关技巧，如表 10-9 所示：

表10-9　正文书写技巧

类型	说明	效果图举例	
字体参考	黑板报正文字体选择的目的在于使整个版面整洁，便于阅读，所以一般选用仿宋、隶书、魏体、楷书、行楷。	楷书举例	来源：上外松外
		隶书举例	来源：上外松外
色彩参考	小字建议多选择白色、黄色，简洁、明快； 小字可以用彩色粉笔，不过都使用一种颜色容易显得暗淡，可以用几种颜色制造跳跃的视觉效果； 小版面比较适合用彩色写小字，而大版面难以突出主体，不建议使用； 正文中重要的数词或者名词用黄色书写，使文中重点一目了然。	白色举例	来源：蒙山中学
		彩色举例	来源：上外松外

类型	说明	效果图举例
间距参考	左右平行、上下对齐、顶距大于侧距、侧距大于行距、行距大于字距、横写左起、竖写右起、两端齐平。注意：字体一样、大小一样、粗细一样、浓淡一样、字迹端正、字形规范；即使修改也不要留下任何痕迹。	
突出标题	造型角度、标题位置要根据版块结构选择，与整个版块和谐统一；从色彩角度，文字内容建议多为白色，因此标题应该是吸引目光的彩色，多为红、绿、黄等亮色；以用湿粉笔单线完成，描一遍使它粗一点。	 来源：上外松外

（7）插画设计技巧

插画要紧密配合文章的中心思想，可以画在文字的一旁或上方，图形可大可小，但是要注意，插画不宜过多，以免造成版面拥挤。插画设计技巧，如表 10-10 所示：

表10-10　插画设计参考

黑板报类别	插画风格举例
与喜庆有关	花朵、烟白花、气球等
春节、元旦	生肖、花条、烟花、气球等
体育运动	运动人物、球类等
科技、学习	雷达、火箭、书等

效果图欣赏：

来源：上外松外

来源：蒙山中学

来源：上外松外

来源：上外松外

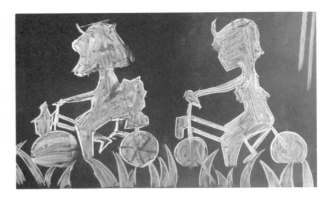

来源：上外松外

➤ 出黑板报技巧问答

01

问：粉笔书写色彩暗淡怎么办？

答：用粉笔前先用湿布裹一下。

02

问：黑板报版面设计的原则是什么？

答：黑板报的版面设计要求文字安排得当，报头、标题、插画等搭配得当。做到整体布局、穿插灵活、主次分明、条理清楚，使版面美观大方、生动活泼、图文并茂，达到好的宣传效果。

03

问： 用水粉画出来的图案怎么办?

答： 方法一：加入白色，画面就亮丽了。

方法二：在画面上刷上一层透明胶水。

效果图欣赏：

来源：蒙山中学

来源：上外松外

来源：交大二附中

如何管理与评价黑板报？

一期黑板报完成以后是不是意味着彻底完成了呢？当然不是，还涉及后期的评价、管理与维护。

➢ 现场故事

高效的团队

这期黑板报在我们师生的共同努力下终于完成了，并得到了全校师生的高度评价，大家都异常兴奋。可是这次黑板报制作时间太长，效率太低，占用了孩子们许多的课间休息时间，代价太大了！

作为班主任的我和孩子们一起分析，高效的团队应该具有以下几个特征：第一，有技术骨干；第二，有效组织；第三，团队支持；第四，有竞争意识。

我们班该怎样提高制作黑板报的效率呢？其实，我们班小吴、小金都是很厉害的宣传技术骨干，许多同学也都愿意来帮忙、学习，所以就我们班而言，解决问题的关键就在于"有效组织""有竞争意识"。

我多次看到小静同学常常默不作声地帮助黑板报成员把黑板擦得干干净净，又悄悄地帮助大家把物品放回原处。

另一边，出黑板报的人不少，活却干得很慢，大家说说笑笑，工作质量自然也不高。

针对这些情况，我征求同学们的意见，决定成立两个宣传小组，让两个组形成竞争机制。

例如，一个学期要出四次黑板报，每个组负责两次，按照学校评价标准完成任务，哪个组得到的分数高，哪个组就是优秀宣传队！

每个组就像编辑部一样，有明确的角色分工，例如：总设计、文字负责人、绘画负责人、学徒……大家各司其职，团结协作，与另一个组展开竞争。

这个措施实施了两个月，不仅黑板报质量提高了，同学们的工作效率也大大提升了，而且有更多的同学成为了其中的一员，共同为黑板报的美化出谋划策。

➢ 实用妙招

宣传小队建立的四步妙招，如表 10-11 所示：

表10-11 宣传小队建立妙招

步骤	方法
选拔人才	宣传动员，在班级中选出最擅长写字和绘画的同学作为骨干，选拔有创造性和组织能力的同学做总设计师，选择有文采的同学负责内容，选择有浓厚兴趣、乐于参与的同学做学徒。
培养人才	毕竟小学生或者中学生能力有限，所以老师应该给予他们指导，积极参与进来并且提出积极的建议，给予他们学习和交流的机会。可以邀请美术老师指导，也可以鼓励他们业余学习。
竞争机制	现在学艺术的孩子很多，班级中人才配置可以分成两个队伍，两队隔次承担一次黑板报的任务，以学校评分为标准进行良性竞争。
宣传鼓励	出黑板报是很辛苦的工作，需要给予积极的肯定和鼓励。老师一定要用相机记录下学生的每一次黑板报作品，发在家长群里，珍藏孩子们成长的每一步。

黑板报一般由学校政教处布置、指导和评价。表 10-12 评价标准可供参考。

表10-12 黑板报评价标准

项目	分值	要求	分值					得分
黑板报主题性	20分	与学校规定主题相符	5分	4分	3分	2分	1分	
		标题醒目、新颖	5分	4分	3分	2分	1分	
		字体美观	5分	4分	3分	2分	1分	
		有号召力	5分	4分	3分	2分	1分	
黑板报内容性	40分	紧扣主题	5分	4分	3分	2分	1分	
		充实健康	5分	4分	3分	2分	1分	
		形式丰富	5分	4分	3分	2分	1分	
		结合校园与班级生活	5分	4分	3分	2分	1分	
		结合时事热点	5分	4分	3分	2分	1分	
		教育意义	5分	4分	3分	2分	1分	
		创作加分	5分	4分	3分	2分	1分	
		字数合理	5分	4分	3分	2分	1分	
黑板报艺术性	30分	板书整洁	5分	4分	3分	2分	1分	
		文字字距、行距适当	5分	4分	3分	2分	1分	
		插图美观	5分	4分	3分	2分	1分	
		布局合理	5分	4分	3分	2分	1分	
		创意新颖，色彩协调	5分	4分	3分	2分	1分	
黑板报细节性	10分	板底无粉笔灰、黑板对比鲜明	5分	4分	3分	2分	1分	
		按规定时间完成	5分	4分	3分	2分	1分	
总分								

宣传小队岗位分工及职责，可参考表10-13：

表10-13　岗位分工

岗位	职责	A 组员	B 组员
总负责及设计	设计标题； 设计版式； 设计各栏目标题； 组织、分工与协调，保证按时保质完成。	甲	甲
文字担当	确定各栏目具体文字内容； 具体写正文和标题。	乙	乙
插画担当	选定或设计插画； 具体完成插画。	丙	丙
学徒	擦黑板、画线、整理物品等； 辅助文字或者插画的部分工作； 维护工作。	丁 戊	丁 戊

➤ 黑板报管理问答

01

问：如果黑板报被破坏了怎么办？

答：同学们课间从后黑板旁边经过时，有时会不经意间蹭到黑板报，造成黑板被轻度破坏。所以，对于持续一个月展出的黑板报，需要安排具体人员及时维护。

建议把制作黑板报的相关颜料少量保存在小盒子里，便于及时补救文字或者图画部分，使黑板报保持良好状态。也不排除会有一些顽皮的同学有故意破坏黑板报的行为，或者在教室里玩闹，不顾及公共物品的安全，包括对黑板报的破坏。这个时候最重要的就是对全班同学进行教育，一方面要求他们爱护班级物品，一方面要他们尊重同学们的劳动成果和心血。也可以把常破坏黑板报的问题学生吸纳进宣传小组，让他们也为出黑板报做点贡献。

02

问：什么时候出黑板报比较合适？

答：①利用课余时间。课间（大课间）、午休等时间段是宣传委员们主要制作黑板报的时间。

春季学期放学后天还不黑，宣传委员们有的时候会留下来制作黑板报，这个时候班主任老师也要留下来陪伴，并且征得学生家长的同意，建议17:00前必须结束。

提高工作效率，可以节约时间，所以宣传委员们要多多交流学习，提高自己的制作水平。

②利用双休日。双休日时间比较充裕，老师需要和家长及学生提前预约时间，及早通知。关注学生来校的交通安全以及午饭问题，同时也要监督学生完成任务后及时回家。

03

问：怎样更好地利用黑板报？

答：利用10分钟班会介绍黑板报。黑板报的内容是非常重要的教育资源和信息资源，利用班会课，让黑板报的制作团队来给大家介绍一下黑板板的创作意图，更大程度地实现黑板报的价值。

每个领域都有状元，黑板报的制作也一样，热爱它的人会对自己的手艺精益求精，不断进步。

出黑板报：历练团队、凝固精神

从小学开始，我就不是一个叱咤风云的学生，虽做过副班长、副中队长、课代表、小队长……但安静、不喜热闹、不爱指挥人的我，最喜欢的还是做宣传委员——因为宣传委员可以不张扬，静静思、默默想、擦擦弄弄，直到满意为止；而且我从初中开始做宣传委员，一直做到大学。

所以，我非常高兴可以第一时间拜读葛慧老师走遍了我们学校每一间教室拍下照片、写下文字的这一章，非常高兴能够给"玩转黑板报"这一章写点评，因为在我的学生生涯中，对出黑板报的人，对黑板报的情怀还是很深的。

黑板报是集体精神的凝聚：随意的、散乱的、敷衍的，还是精心的、精致的、认真的……不看教室、不看学生、不看老师，看黑板报就似乎看到了教室全貌、学生面貌、教师形象。黑板报是一个团队的精神历练之路：无序的、恣意的、疤疤的，还是能沉得下心的、耐得住寂寞的、大局的、工匠的……在大家都已经回家后静静的校园里，开着灯的教室里，一笔一画没有怨言地写字和画画的孩子，不见得最优秀，但绝对不会差。

我喜欢看到富有气质的黑板报，喜欢看到有精神沉淀的制作黑板报的团队，更喜欢看到能一笔一画、一招一式地教孩子出黑板报的老师。

上海外国语大学松江外国语学校校长　金晓燕

第 11 章　门窗那些事儿

如何保持教室通风和空气清新?

门窗如何保洁?

如何发挥门窗的教育功能?

钱　坤

电子邮箱：314950637@qq.com

个人介绍：钱坤老师在从事教育工作的 8 年中，一直承担着班主任工作，在不断学习探索中，逐渐形成了"情理相融"的建班育人理念。他曾先后荣获"全国英语能力竞赛优秀辅导员""校十佳教师""闵行区优秀共产党员"等称号。所指导的班级，多次荣获闵行区优秀中队称号。

如何保持教室通风和空气清新？

　　教室内部就是一个"小环境"，环境的质量对于学生来说极其重要。而教室环境的好与差又与班级门窗的通风管理、班级卫生、植物选择等具体事物密不可分。我们如何整合这些因素，使得教室环境达到最佳呢？

➤ 现场故事

一扇窗引起的风波

　　冬末春初，寒风还是时不时地侵袭着校园。昨天还是暖洋洋的，今天就刮起了冷风——班里有几位同学陆续感冒了。出于健康的考虑，我要求大家课上开门窗通风，防止同学们在"温暖"的教室里昏昏沉沉。此时病快快的小杨嘀咕道："老师，不要开！冷风对着我吹，我受不了。"一旁的小王却喊道："快开快开，难受死了，不通风，大家都得生病。"双方争执不下，引发了课堂上的小骚乱。

　　不愿开窗并非反对开窗通风，持续吹风确实会影响个体健康，但为了大家的健康考虑，窗还得开。但如何合理开关门窗呢？

小夏"辞官"

　　前几日，班级里一直有因生病请假的孩子，至今非但没好转，还有大面积扩散的趋势。这引起了医务室老师的关注，她立刻要求班级每天保证空气畅通，孩子们多喝开水，多吃水果，增强抵抗力。同时，校医务室利用周末时间，对班级进行消毒。一段时间后，确实有了明显效果，孩子们也意识到门窗通风的重要性。但慢慢地，这种意识开始淡化。

周三下午的英语课，当我正准备迈进教室时，一股说不出的味道迎面扑来。此时一股怒火涌上心头："小杨，你坐在窗户旁边，怎么不开窗？前段时间，就你感冒最严重，不记得了吗？"小杨支支吾吾地说："钱老师，我够不着窗户，所以就想不起来开。"同时他还指指小夏："再说了，班级窗户管理不应该是小夏的事吗？"我一时被问住了，心想：门窗确实是"安全部"负责……

放学后，我在整理办公桌时，小夏耷拉着头来到我身边。"小夏，有什么事情吗？"我问道。"钱老师，我不想做'安全部长'了。"

"为什么啊？你一直做得很好。不会是因为今天课上的事情吧？"

"其实，我今天早晨把窗户都打开了，可课间大家陆陆续续又关上了。每天我一个人负责门窗，根本忙不过来。这工作没法做了！"

"那总得有人负责，你说是不是？若觉得累，你有什么好办法吗？"我追问道。

"有，您看能不能承包给几个同学，一人一扇窗，这样既容易操作又可以相互督促。"

"这倒可以试试，那这件事就交给你负责，可以吗？"

小夏如释重负地说道："好，我这就去写方案。"就这样，一个门窗管理的方案应运而生，而且在实践中不断改进。

雾霾天的困惑

秋冬季节，最让大家头疼的莫过于空气质量。大家关注最多的就是PM2.5。今天PM2.5检测值达到316，属于严重污染。

傍晚时分，小彦妈妈给我发微信："钱老师，有件事情想和您沟通一下，回家后，听小彦说，他今天和小夏同学吵架了。您知道吗？"

"这件事我没有听说，怎么回事？"

"孩子们在教室午餐后，小夏要求把窗户打开——因为刚吃完饭，班级气味难闻，需要散散味道，而且说班级有要求，要多开窗，保持通风。小彦他们几个孩子都不同意，说是外面雾霾严重，开窗，不等于吸毒吗？他们争执不下，就吵起来了。"

"我还不知道这事，明天得了解下。确实，遇到雾霾天，室内的空气质量如何保持，也一直困扰着老师们。""小彦妈妈，我有个建议，今晚召开家委会网上会议，大家可讨论下。"

就此次事件，我很快整理出两个议题：雾霾天应不应该开窗？雾霾天如何保持教室的空气质量？家委会群里，家长们围绕着议题展开了激烈讨论。对于第一个议题，大家觉得要根据情况而定，需要适度开关窗。针对第二个议题，家长们提出许多建议：教室里需要更多的绿色植物，不单单为美观，更重要的是为健康；向学校申请，班级集资购买空气净化器。听着家长们的急切之声，作为老师的我，也需要思考如何保持乃至优化班级的空气质量了！

> 实用妙招

教室窗户定期换气，对学生的健康成长至关重要。针对不同季节、天气，推行班级换气制度，以保证合理开关窗。

工作分配：

组长：安全委员。职责：提醒、监督组员按要求完成任务。

组员：靠窗的同学。职责：执行具体要求。

班级窗户换气制度及自查知识，如表11-1、11-2所示：

表11-1　班级窗户换气制度

温暖天气	课间/活动课	确保开窗。
	课上	确保开窗。
寒冷天气	课间/活动课	确保开窗。
	课上	0～10度，每节课一次，每次5分钟。
		0度以下，每节课一次，每次3分钟。
雾霾等恶劣天气	依据情况，少开窗或不开窗。	

表11-2 自查表

负责人：

日期 ＼ 时间	早晨	课间	课上	中午

（备注：认真完成自查表格，养成良好习惯。每周按要求完成任务的同学加 2 个"德育学分"。）

除了通风换气，教室内还可以摆放植物来提升空气质量，如表 11-3 所示：

表11-3 适合教室内摆放的植物及其功能

序	植物名称	功能
1	洋绣球、秋海棠、文竹	可吸收二氧化碳、二氧化硫等有害物质。
2	吊兰、虎尾兰、芦荟	天然清道夫，可吸收空气中的甲醛。
3	铁树、常青藤、菊花	可吸收二氧化硫、乙烯、一氧化碳、过氧化氮等有害物。
4	龟背竹、绿萝、玉树	吸收二氧化碳的能力很强。
5	丁香	净化空气、杀菌能力强，但不宜多闻。
6	月季	能吸收氟化氢、苯、硫化氢、乙苯酚、乙醚等气体。
7	雏菊、万年青	可清除来源于复印机、激光打印机中的三氯乙烯。

➤ 教室门窗使用问答

01

问：如何筹集植物？

答：学生自带；向学校申请，统一购买。

02

问： 如果班级里有空气净化器，如何管理？

答： 依据天气情况，定期开关，专人管理。

03

问： 寒冷天气，需要开窗通风吗？

答： 肯定需要！《中小学校设计规范》中提到，严寒与寒冷地区于冬季条件允许时，应采用排风热回收型机械通风，其新风量不应低于"主要房间人员所需新风量"的规定。

主要房间人员所需新风量，如表11-4所示：

表11-4 人均新风需求标准

房间名称	人均新风量（$m^3/h.$人）
普通教室	19
化学、物理、生物试验室	20
语言、计算机、艺术类教室	20
合班教室	16
保健室	38
学生宿舍	10

依据国家标准，寒冷天气仍需开窗通风。但如何确保教室内新风量充足，又能避免学生受冷，请参考本节实用妙招。

04

问： 如何改善小环境的空气质量，还孩子们一个健康的成长环境？

答： 经常打扫卫生，保持教室整洁。争取做到早中晚各打扫一次卫生。每天拖地一次，要求湿拖再干拖。

选择适当的绿色植物，不仅可以净化空气，而且可以点缀班级。可参考上文中推荐的几种适合班级种植的绿色植物。

若条件允许，班级可购买空气净化器。依据空气质量及班级需求使用。

05

问：合理开关门窗的意义何在？

答： 教室作为教师传授知识和学生获取知识的主要场所，教室内的空气质量状况与学生的学习和身心健康关系密切。国家《中小学校设计规范》中规定了各主要房间的最小换气次数标准，如表11-5所示：

表11-5　换气次数标准

房间名称		换气次数（次/h）
普通教室	小学	2.5
	初中	3.5
	高中	4.5
实验室		3.0
操场		3.0
厕所		10.0
保健室		2.0
学生宿舍		2.5

其实，导致教室内空气质量差的主要原因是二氧化碳含量增加，氧气含量减少。二氧化碳和致病微生物（细菌、病毒等）的含量增加，使学生精神不振、注意力不集中。因此，合理地通风换气可保障学生的健康，同时还能提高他们的学习效率。

06

问：教室内植物如何养护？

答： 有心的班主任会通过种植绿色植物来提升空气质量。但绿色植物如何养护呢？我这儿有个好办法——植物冠名制。班级学生可认养一盆绿植，在花盆上贴上注有植物名称、功能及养护须知的标签。这样不仅方便了学生们养护绿植、学习知识，还培养了他们的观察能力与责任心。

➤ 窗及绿植博览

特征：上三扇窗可推拉，下方喷砂玻璃
品评：采光佳，避免阳光直射及行人干扰上课
来源：进才北校

特征：上窗固定，下窗可展开
品评：采光佳，方便学生开关
来源：汇贤中学

特征：植物摆放空间大，种类多
品评：不仅美观，而且可净化空气
来源：汇贤中学

特征：植物冠名制
品评：培养学生的责任心及观察能力
来源：交大二附中

特征：空间大，利用率高
品评：实用，便捷
来源：江声实验学校

门窗如何保洁？

教室的门窗就好比是人的"脸面"，许多班主任尤其是新班主任经常被如何做到"脸面干净"所困扰。加之，大部分学校将门窗卫生检查放到重中之重的位置，在这样的背景下，我们该如何做到窗明几净呢？

➤ 现场故事

值日生的委屈

学校刚公布了卫生大检查的结果，劳动委员就立刻来汇报："钱老师，卫生大检查，我们班又被扣分了，这是扣分单！""怎么又是门窗扣分，上周不是才强调过吗？走，看看去！"我边走边纳闷！

赶到班上，我还没有张口询问擦门窗的小宋同学，就听到她委屈地哭诉："钱老师，我已经很认真地擦了，可窗户怎么擦也擦不干净！用抹布越擦越糊，我真是没办法！还有同学总把学校发的饮料洒到窗户边上，特别难擦。劳动委员来检查，却总是说我偷懒不做，这怎么能怪我呢？"

旁边的同学议论了起来："擦玻璃确实很难，幸好没让我负责。"

"钱老师，我觉得擦窗户应该这样擦……"

"怎么总是我们班的窗户被扣分，看看3班，他们很少扣分，奇了怪了！"

值日学生很努力，但还是达不到窗明几净的效果，怎样才能减少无用劳动，提高效率，为大家营造更整洁舒适的环境呢？我们得找找好方法！毕竟无论是老师还是同学，看到满是污渍的门窗，都不会有好心情！

一块抹布惹的"祸"

每天早上，年级自管部都会检查班级卫生，主要包括：门、窗、讲台、窗台、包干区及整体卫生。虽然我们每次都准备充分，但门、窗卫生部分还是常被扣分。瞧，我们今天又被检查出了问题——窗台有灰尘。

利用课间时间，我找到了值日生李玥和"劳动部长"蒋金磊。

"李玥，知道今天班级哪里被扣分了吗？"我问道。

低着头的李玥小声道："我看到扣分单了，但是老师，我今天确实认真地擦了一遍，没想到……""是这样的吗，蒋金磊？"我有些纳闷地问道。

"钱老师，她确实擦了，我第一时间就去检查了。"

"哦？那我要去看看我们的窗台，到底怎么回事？"

我们三人来到窗台，我轻轻地抹了一遍窗台，确实有一层薄薄的灰尘。看着灰尘，我责备道："若你俩都完成了任务，那为什么还会有灰尘呢？"两位同学只是低着头，也不与我争辩。我决定做个示范，转身进了教室拿抹布，当我拿起湿湿的、有着一块块黑渍，甚至还有未洗干净的颜料的抹布时，便知道为什么门窗总是擦不干净了。

事后，我在与劳动委员沟通后得知：早晨卫生还有些其他问题，如拖拉，不及时，敷衍了事，不听从安排等。针对这些卫生问题，班级内围绕"卫生与责任"主题召开了班会课。讨论后，大家共同制定了值日生值日细则。

虚惊一场

每周三中午是全校统一安排的大扫除时间。班级里，南边的窗户一直是刁宇童同学负责，但今天因为有临时会议，她拜托了王劲帮忙。王劲是个热心肠的小朋友，又是班级副卫生委员，于是欣然答应。他个头不高，却喜欢冒险和蹦跳。

由于上下窗都需要擦干净，学生们经常会借助课桌来擦。个子高的学生，可以擦到最高处，但王劲够不到，说道："李欢，我擦不到窗了，帮搬个椅子用下，我架在桌子上。"李欢搬出一张椅子，担心地问道："这危险吧，你可以吗？""没问题，上次擦窗，我就是这样做的，你帮我扶着就可以。"只见王劲三两下窜了上去，不一会儿，就完成了任务。擦完后，他居然想直接跳下来，结果在转身时，支撑腿打滑，直接从椅子上摔了下来。这下好了，他痛苦地趴在地上嗷嗷叫。我得知后，立马把他送到医务室，医务老师检查完后说只是皮外伤。虽然虚惊一场，但这安全问题，我该怎么教育呢？

➢ 实用妙招

清洁门窗所用到的工具，如表11-6所示：

表11-6 清洁门窗工具

门窗清洁项目	门窗清洁工具
基本清洁	门：干湿抹布
	窗：干湿抹布，废旧报纸，擦玻璃器
污渍清洁	门：温水，干湿抹布，白醋或玻璃清洁剂
	窗：温水，干湿抹布，废旧报纸，白醋或玻璃清洁剂
凹槽清洁	门：小毛刷，湿抹布或车载吸尘器
	窗：小毛刷，湿抹布或车载吸尘器
温馨提示：务必在老师、指定同学的监护下使用小梯子及课桌椅，要在老师指导下，使用酒精等较危险物品。	

门窗清洁值日细则，如表11-7所示：

表11-7 清洁门窗值日细则

清洁部位	门及门框	窗台及窗框	玻璃
清洁细则	①前后门正反面 ②洁净的湿抹布 ③清洗抹布 （细则可自拟）	①凹槽灰尘 ②洁净的湿抹布 ③清洗抹布 （细则可自拟）	①擦玻璃技巧 ②安全使用工具 ③清洗抹布 （细则可自拟）

清洁部位	门及门框	窗台及窗框	玻璃
时间 / 周期	早晨 7:30 之前	早晨 7:30 之前	每两周一次（班级大扫除）
负责人（数）	1 人	1 人	2 人 / 窗
自评			

➤ 教室门窗清洁问答

01

问：如何擦净玻璃？

答：首先，用清水清除其表面污渍，必要时配以洗洁精及小刀片；其次，用干毛巾擦除表面水渍；最后，用废报纸擦净可能存留的布纤维。

温馨提示：请务必使用干抹布擦干有水渍的玻璃。

02

问：如何清洁玻璃上的污渍？

答：玻璃上一旦有污渍、污垢，通常很难一次性处理干净。这就需要我们在温水中添加一些"辅料"：

①酒精或白醋能更好地分解污垢和污渍，达到去除效果。

提示：这些东西学校实验室都会备有，但需要老师亲自调试，避免学生误伤、误用。

②洗洁精或洗手液：用温水稀释后可快速去除玻璃上的污垢。

③遇到很难去除的污垢，则可以使用一些小工具，如小毛刷、钢尺、钢丝球等。

03

问：如何处理玻璃上残留的小污点？

答：用横竖结合法。所谓横竖结合法就是在擦 A 面时，均采用横向擦，擦 B 面时，均采用纵向擦，这样就很容易发现污点是在哪一面上。干湿结合法与横竖结合法一起使用，那效果就会更好了！

04

问：窗帘什么时候用？

答：室外光线强烈时；使用多媒体时；黑板反光时。

05

问：教室里的窗帘可以清洗吗？

答：必须在老师的允许下清洗窗帘。同时，清洗过程中需要注意：

窗帘的污垢大多是灰尘，要选择中性的洗衣液产品，可清洁去渍，防止缩水和褪色。

易吸尘的窗帘，如天鹅绒窗帘，拆卸后，先用手将窗帘抖一抖，让附着在绒布上的表面尘土自然掉落，再放入含有中碱性洗涤剂的水中浸泡15分钟去渍。

➤ **教室门窗清洁博览**

特征：干湿抹布擦玻璃
品评：先湿抹布清洁，再干抹布擦干
来源：交大二附中

特征：废旧报纸擦玻璃
品评：擦净可能存留的布纤维
来源：交大二附中

如何发挥门窗的教育功能？

教室的每一面墙都会说话，其实教室的每一扇门窗也会说话。门窗作为教室的重要部分，我们如何布置才能使其达到教育意义呢？

➤ 现场故事

"易受伤"的门

课间，安全委员夏炎气喘吁吁地跑进办公室："钱老师，班里发生大事了，前门被卫正彦踹了个洞，您快去看看吧！"听到这则消息，我气愤地自语道："怎么又是门，前几天不是才发生过摔门的事情？三番五次地强调、教育，结果一丁点儿也听不进去，真是无法无天了。"

一腔怒火的我本想严肃地处理这起事件，但看着学生们无辜的眼神，我还是压下了火气，心平气和地了解了事情的全过程：王一晨与卫正彦课间闹着玩，王一晨进教室时，故意把门用力关上，不让后面的卫正彦进来，卫正彦为了门不被关上，抬起脚就去挡着门，门确实没关上，但一只脚印和一个小洞也落在了门上。

事件过程确实简单，但每天班级里类似的事件却不少。我特意翻开班级日志翻看：

2016 年 9 月 15 日，王劲、李欢在后门推搡，俩人手指被门挤压。

2016 年 10 月 9 日，语文课已经开始，王劲偷偷从后门溜进班级，被老师发现。

2016 年 12 月 8 号，班级门锁报修。

多次强调的问题，为什么学生总是落实不到位，接二连三地出现类似问题呢？简单、重复的说教，无法让学生们意识到问题所在，能不能通过门窗的合理布置，来达到我的期望呢？

"会合作"的门

"丁零零，丁零零"……下课铃声响起。忙碌的学习后，学生们早就饥肠辘辘。按照学校的要求，低年级的学生需在本班级吃饭，所以食堂师父们总会早早将套餐放在教室门口。但今天却因为一碗汤，小王和小张差点大打出手，幸好被其他同学及时拉开。了解完事情的经过后，我才发现，这一碗汤能抖出班级的许多问题。

据安全委员描述：由于班规要求，一般情况下后门不可以通行，所以，男生们为赶时间，总会一拥而上，挤在前门附近，抢着去拿饭、打汤。一方面是"不服输"的心态在作祟，另一方面是谁都不愿意为拿饭、打汤等上七八分钟。今天，就是因为小王打汤时动作慢，后面的小张就急了，想抢勺子，自己先盛汤。这一来一回，半勺汤洒在了小王的身上，两个小家伙推搡了起来。其他同学，有的拉架，有的抱怨，甚至有的转身回班，不准备打汤。

回想起这件事，也不能只责备同学们不懂得谦让，不遵守纪律等，其实班级管理及制度上也存在问题：其一，全班 30 多位学生拿饭，只有一个出入口，容易造成混乱；其二，打汤过程乱，有的学生动作慢，后面同学等不及，有的学生想打满一点，结果汤洒得到处都是，甚至还有学生玩汤勺，把汤搅来搅去。针对这些问题，班委们商量决定推行便于学生们拿饭、打汤的规范：午间拿饭开放后门，学生们必须有序地前门出，后门进；此外，按学号轮流为其他同学盛汤。

"能微笑"的门窗

元旦快到了，按照往常的惯例，为迎接新年，班级里要准备一些活动。

班委会议上，大家就今年的活动方案热议起来。

"今年迎新活动，大家可有什么想法？"作为班主任的我首先询问。

班长宋心仪举起了手："钱老师，我们刚才讨论过了，今年迎新，除了联欢外，我们想做一些和其他班级不一样的事情。"

"那比如呢？"我好奇地问道。

宋心仪接着说："往年，我们侧重联欢活动，但玩玩闹闹后，大家也就淡忘了，感受不到过节的气氛。今年，我们能不能好好布置下教室？"

大家伙七嘴八舌地议论了起来：

"围绕新年布置教室，那肯定很赞。"

"开学初，我们已经进行了温馨的教室布置，除了学习园地外，没地方布置了啊？"

"我们可以买点彩带或气球挂在灯上或门上。"

"不行不行，那太简单了，没什么新意。"

"过年时，我舅舅家喜欢在窗户上贴剪纸或贴纸，我觉得挺好看的，而且很喜庆。我们能不能也试试？"方文静举起了手。

"这个建议不错，班级没有空间可以利用，那我们围绕新年主题布置门窗，也可以达到同样的效果嘛！"我及时补充道。新的建议一经抛出，大家再一次讨论起来……

➤ 实用妙招

教室门窗使用规定可参考以下 8 点：

①放学后专人负责关窗，离开教室时，锁好教室门。

②班级钥匙专人保管，准点开门，其他同学不得擅自配备钥匙。

③学生进出教室时，须轻开关教室门。

④午餐取饭时，遵循前门出、后门进的原则。

⑤上课迟到，须在前门报告，不可从后门溜进去。

⑥禁止翻越教室窗户。

⑦禁止在窗台上乱放垃圾或私人物品。

⑧禁止在无保护措施的情况下擅自登高清洁玻璃。

门窗附近的宣传语，如表11-8所示：

表11-8　门窗附近宣传语推荐

门附近	窗附近
轻开轻关，小门怕痛	随手关灯，举手之劳
有开有关，再开不难	随手关灯，随时有灯
随手关门，小心尾巴	轻轻一按，省电不难
出入关门，行走安心	节约用电，有开有关
出入带门，暖意融融	开，都开心；关，请关心
你轻轻地一关，不带进一丝寒意	节能多用心，大家都开心
入门即静，静专思主	节能 n 次方，地球更健康
怕苦莫入，入门即学	节能尽分力，环保多点心

➤ 教室门窗布置问答

01

问：靠窗的孩子经常把垃圾放在窗台上，怎么办？

答：除了常规的教育要求外，可以在内窗台摆放学生的劳技作品、模型或小植物等，不但可以美化教室，而且能够起到一定的警示作用。

02

问：哪些植物适合放在窗台上？

答：窗台空间较小，适合摆放简单、无飞絮、无刺的小盆植物，比如多肉、小盆绿萝、吊兰、发财树等。

03

问：如何充分利用前后门拓展空间？

答：建议：前门可以开辟为卫生工具摆放区，墙上安装一个卫生工具摆放架，不仅实用、整洁，而且美观；后门区域，人流量不大，可以开辟为雨伞摆放区、音乐器材区或体育用品区等。

04

问：学生课间总是喜欢摔门，如何解决？

答：门的布置应简单、大方，要能体现出班级特色，让人感到温馨或具有警示作用即可，不要太复杂！

门正面：门上方部分布置内容多为欢迎词或班级目标［七（2）班欢迎您、入室即静、入室即学等字样］，门锁上方可贴温馨提示（轻点关门，我也怕疼等字样），提醒学生，小心关门。

门反面：可以有些班级的小想法。如想解决学生课间大力关门或摔门的问题，可以在门面某个区域贴一些学生自己编写的警示语，告诫学生小心关门。贴纸也可以起到监督作用，若某个学生关门用力，可能会导致贴纸脱离。这样，学生们容易形成心理暗示："我得小心关门，不能让贴纸脱落。"

05

问：北面窗户如何布置才能既温馨又实用？

答：中国门窗基本上是南北走向，靠南面向阳，北面背阴，南窗相对采光不佳，教室门窗布置基本上放在北窗。布置的内容可以是精美的、有一定意义的贴纸（根据学生年龄段特点、季节变化等），可以是近期学生的手绘作品、优秀作业展示等，也可以将窗户装扮成照片窗，选择班级一些精彩的活动照、个人照或主题挂件进行布置。

建议：可以将此区域打造为班级特色区，围绕节日主题（新年、圣诞节、感恩节等）、班级活动（美食节、运动会、社会实践等）、学生优秀作品（"创全"小报、劳技作品、美丽字画等）展开，使其能发挥教育功能，达到美观、大方、温馨的效果。

> 门窗布置博览

内容：张贴"花草"布置窗户
品评：美观，清新
来源：君莲学校

内容：班级"美食节"活动展示
品评：充分利用空间，为学生提供学习
交流场地
来源：交大二附中

内容：圣诞节窗户布置
品评：营造节日氛围，美观得体
来源：上闵外

依托物质，关注动态，实现育人

教室是师生共同学习和生活的场所，教室环境作为一种潜性课程，在学校教育环境大系统中占据着重要地位。我校钱坤老师独具慧眼，在自己任教的教室中，不仅充分发挥门窗的基本功能，为学生的身心健康发展服务，同时以其为载体为建立新型师生关系创造了难得的机会。

我们应该在教室环境布置过程中树立这样一种观念：每一个区域的设计，每一件物品的摆放都隐含着一定的教育目的。比如，"图书角"供学生阅读课外书籍，丰富了他们的知识；"植物角"使学生对自然生物产生喜爱之情，培养了他们的环保意识；"荣誉角"摆放着班集体在竞赛中获得的奖杯、奖状，激发了学生热爱集体的荣誉感……

教室环境布置中的宣传内容也必须以教育、教学目标为前提，考虑教室环境对学生潜移默化的教育作用。钱老师提供的做法有实际的指导意义，比如在门窗布置中可以用个性化的宣传标语，让学生自己创意思考，确定教室布置和宣传的重点内容。

门窗的管理与布置仅仅是大量班级工作中的一部分，然而，班主任们必须注重调动学生们的积极性和创造性，让他们参与进来，切不可由教师包办代替。教师要把布置教室的过程，变为培养学生动手实践能力和创新精神的过程，钱老师为我们做了良好的示范。凝聚了学生才智和情意的设计方案实施以后，门窗管理与布置的内容学生看得懂、能理解、易接受，也使得全班学生更加热爱自己的班集体。钱老师还用责任认领的方式请学生参与教室环境的管理，由他们来负责某个固定区域门窗的管理。在管理过程中他们必然要制定规章，分工负责，团结协作，这无疑会对学生多方面的能力有所培养。

总而言之，教育环境的优化是一个动态的、不断发展的过程，它需要一定的物质依托。在教室环境中，负责教育教学的老师更应深入研究如何全面优化教室环境，既发挥物质优势，又关注人文情怀，从而构建一种生机勃勃、稳定和谐的班级文化环境。

上海市特级校长，上海交通大学附属第二中学校长　徐向东

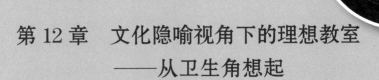

第 12 章　文化隐喻视角下的理想教室

——从卫生角想起

郭 杰

电子邮箱：13816791217@139.com

个人介绍：郭杰，2002 年毕业于上海师范大学数学教育专业，从教至今在班主任岗位上走过了 15 个春秋。工作期间，一直致力于温馨班集体建设，善于捕捉班集体建设中出现的典型问题，对班级管理有独特见解；所带班级多次荣获区优秀中队等荣誉。他先后加入上海市班主任培训班和上海市班主任（洪耀伟）工作室深度学习和研究班主任相关理论知识及实践方法。

小世界，大不同——卫生角的文化特征及设计建议

一个教室里面，哪一方天地是最小的？或许我们大多数老师都没有思考过这个问题，直到有一天我遇到了这样一个孩子……

➤ 现场故事

"孤立"的座位

"为什么又是我！为什么又是我！"他用力抓着边上一个同学的椅子，用一种近似抓狂的声音嘶喊道："明明应该是你坐过去！"

周一上午，我一走进教室就看到了这一幕，这是一个平时很少说话的孩子，名字叫博文，坐在教室的最后一排。博文看了我一眼，极不情愿地松开了手，回到自己的座位上，嘴还在不停地嘟囔着。我找来邻座的小 A 了解情况，小 A 的回答让我感到很意外：博文的座位最靠近卫生角，谁都不愿意坐这个地方，每周换座位时，其他同学都轮换座位，唯独他一直坐在那里。今天的争执就是一场爆发，博文坐在那里，满脸沮丧。正当我想帮助他的时候，我犹豫了：我是不是要用班主任的威严来规定谁坐在那里呢？是什么原因让卫生角几乎容不下任何学生的呢？

"消失"的角落

一次到某学校参观，我走进教室后，却没有发现卫生角的踪影，就连基

本的劳动工具也没有看到。一个孩子似乎感到了我的疑惑，他伸手指向教室后门的一个柜子。

我走过去，打开柜门，映入眼帘的是整齐的扫帚、拖把和垃圾桶。

"老师，没见过吧！"有孩子自豪地说。

我在惊喜之余又陷入思考，如果我也把班级的卫生角藏起来，也许博文就没有那些负担和不满，也许那个位置就不会令人嫌弃了。但是这般美好的教室里，卫生角为什么"消失"了呢？

一个躲进橱柜的卫生角，一个失去了视觉融入的卫生角让我更想知道：他们为什么要把卫生角藏起来呢？是为了看上去美观，还是另有深意呢？卫生角真的是"垃圾角"吗？难道藏起来以后，教室真的从此变干净了吗？

➤ 文化思考

提到卫生角我不由想到"卫生间"，虽然一字之差，但是它俩的待遇却天差地别。装修时，卫生间是人们愿意花费心思的地方，从来都是有简装的客厅，却不大有简装的卫生间。为什么卫生间在生活中备受重视呢？

在日常生活中，卫生间除了能够缓解生理、心理压力之外，还成了个人悦纳自我的重要区域，也有些人将卫生间作为心理上的私密空间，它成功地实现了"隔"的效果。

然而教室的卫生角并不具备"隔"的功能，四面墙和四个角都是敞开式的布置，而卫生角的地面环境和整个教室是相通的，坐在卫生角附近的学生自然会受影响。

因为卫生角有垃圾，所以人们总是把它和肮脏、角落联系起来，它容易被遗忘，容易被忽视，容易被唾弃！博文之所以不愿意坐在"那样"的地方，是因为当同学们"指定"他坐那个角落时，就意味着他被看不起，被当成了"垃圾"！是不是因为这个原因，我们就不需要卫生角了呢？当然不是！我们的教室每天都会有垃圾，学生每天值日都会用到劳动工具，卫生角是不可或缺的！

那么我们如何让卫生角精彩地存在呢？——这已经不仅是一个卫生问

题，而是一个影响孩子们如何看待那些"沉默的""容易被忽视的""却又必须存在"的文化问题。

➤ 建设性操作

1. 卫生角的布置

（1）橱柜式卫生角布置

橱柜式卫生角布置内容，可参考表12-1：

表12-1　橱柜式卫生角布置内容

柜门正面	柜门背面
大扫除固定岗位安排； 每周值日评比展示表； 每日卫生情况检查表。	教室卫生管理细则； 劳动工具收入要求； 每日分时段值日记录表。

（2）敞开式卫生角布置

在尝试布置卫生角时，我们可以有意识地通过装饰性的墙面和地板材料，让卫生角实现隔间效果，形成学生眼中的"假想美"，引导学生们从心态上对卫生角由"避"转"趋"，进而实现事半功倍的教育效果。这种布置方式可称为"敞开式卫生角布置"。

（3）卫生角命名

给卫生角命名，是一个创想性的活动，我们可以利用主题班会的契机，向学生传递这样一个信息，引发学生的思考。通过为卫生角命名，激发学生对于卫生角的认同感和归属感，同时也培养了学生的主人翁意识。卫生角命名，可参考表12-2：

表12-2　卫生角命名参考

关注点和布置内容	命名举例
卫生角整洁有序	心灵美化区、教室后花园
礼仪教育功能	儒雅角、一屋扫

关注点和布置内容	命名举例
垃圾分类意识	小小回收站、垃圾加油站
摆放绿色植物和小生态系统	心灵净化区、绿之隅、赏心悦物

2. 卫生角功能拓展展示

针对下雨天：雨伞整理架

来源：三新学校

针对学生平时饮用的有固体残渣的饮料：

渣水分离篮

来源：天山初中

针对饮水机周围积水：托盘

来源：浦江一中

针对班级中的废纸：回收箱

来源：东展小学

小人物，大责任——对劳动者的文化思考及两点建议

布置卫生角是第一步，如何激发学生的内在动力，让学生用好卫生角才是关键。

➢ 现场故事

"受伤"的劳动委员

一次放学后，隔壁班的同学跑来跟我说："老师，你们班的嘉怡受伤了，你快去看看！"

嘉怡是我班的劳动委员，平时工作非常负责任。

我迅速赶到教室，只见嘉怡用餐巾纸包着一个手指头，上面血红一片。我急忙带她去处理伤口并询问她受伤的原因。

"就是把扫帚呀！我刚才整理劳动工具的时候被它划伤了！"

"其他值日生呢？"

"他们早就走了！"

"你没有提醒他们整理劳动工具吗？"

"说了呀，可是他们把工具一扔就跑了，根本不理我！"

……

委屈的劳动委员

一天中午，我走进教室，发现垃圾桶已经满了，还有很多垃圾散落在周围。由于天气比较热，教室里充满了难闻的气味。那一刻，我仿佛面对着一个垃圾场。

我气不打一处来，大声说道："劳动委员呢？"

嘉怡站了起来。我劈头盖脸地说了她一顿。

说着说着，嘉怡哭起来了，而我却瞄到她周围几个同学幸灾乐祸的眼神，其他同学仍旧低头写着作业，仿佛这件事情和他们一点儿关系也没有。

我忽然意识到：如果劳动工具不安全，我们可以通过维护来解决；可同学们如果丧失了劳动的意识，那么再认真的劳动委员，再漂亮的卫生角，又有什么用呢？

➤ 文化思考

班级中的卫生角难道只是劳动委员一个人的吗？为什么只要是教室的卫生出现了问题，无论是同学、老师还是检查人员都将矛头指向劳动委员呢？

这是因为我们通常都把班级卫生管理和劳动委员画等号，觉得班级中所有和卫生相关的事情都是劳动委员的事情。时间久了，教室卫生和劳动委员之间逐渐形成了一种特殊的情感联系，无形中影响了其他学生与卫生角连接的建立。

这种关系的建立，也与老师的心态和言行有关。老师如果不及时调整自己对这一问题的态度和言行，极容易在不知不觉中强化"卫生角是劳动委员的事""搞卫生其实并不重要"这样的观念。例如：只要发生班级卫生问题，就直接找劳动委员沟通；只有在学校要进行卫生大检查时，班主任才如临大敌，在教室指挥；当学生的值日和作业发生冲突时，老师们总会要求先完成作业再值日。

所以卫生角的使用管理，并不是劳动委员一个人的事情，而是需要全体师生共同参与和努力的事情。

那么如何更好地使用和管理卫生角，处理好老师、学生、劳动委员和班级卫生之间的关系呢？

➤ 建设性操作

首先，我们可以成立班容班貌检查小组，定期对教室进行检查，可参考表 12-3：

表12-3　班容班貌检查表

检查项目＼小组成员		
教室地面	现状：	期望：
桌椅排放	现状：	期望：
……	……	……
你对卫生角有哪些要求和想法：		

其次，我们可以制定值日铭牌制度。

每一个同学设计一个个性铭牌，值日当天进教室后放置于相应的劳动任务框内，并在这个基础上让学生设计特色值日胸牌和臂章，由值日学生自我保管并流转，形成良好的班级劳动氛围。

小行为，大未来——对"人—事"关系的文化思考及建议

卫生角与劳动看似是小事情，实际上却关系着学生的未来。

➤ 现场故事

垃圾桶里的"宝贝"

一天放学，我看着值日生明明拿着垃圾袋径直走出了学校。出于好奇，我询问他袋子里装的是什么。

他难为情地把垃圾袋打开给我看，里面大多是同学们扔掉的饮料瓶。

"你带着这些空瓶去哪里啊？"

"爷爷常常把空瓶卖给回收站，我想帮帮爷爷。"

明明家境不好，和爷爷相依为命，他爷爷经常在小区里捡拾饮料瓶补贴家用。他看见班级垃圾桶里的塑料空瓶，就想着带回去给爷爷。他这个小小的举动，让我感动不已。同时我的脑海里也跳出了另一个想法：明明的行为值得所有人学习，但为什么他却觉得难为情呢？如果我们在劳动的同时强调环保和废品回收的观念，明明或许就不用偷偷摸摸，不好意思了。

"争议"的安排

一天早晨，我一走进教室就看到前门口的垃圾被扫成了一堆，桌椅三排整齐，另外三排明显没有排过，垃圾桶里垃圾满满的却没有倒掉。

"昨天放学是哪几个同学值日？"

这时，三个女生慢慢地站了起来。

"就你们三个吗？"

"老师，她们组就三个人。"不知道是谁小声说了一句。

我这才想起来，这个小组的另外三个学生上学期末就转学了，而班级值日却还是按原来的安排的。

既然这样，我就在班里发出"英雄帖"："谁愿意帮助这个小组一起值日？"

这时一下子站起来好几位男生，可又不知是谁小声说了一句："你们自己的小组不是也要值日吗？真傻！"这几位男生愣了一下，又犹犹豫豫地坐了下来。

面对此情此景，我非常沮丧。学生们为什么都不喜欢劳动呢？

➤ 文化思考

一提到劳动，很多人都将它和"脏""累""反复""枯燥"等词语联系起来。学校里的劳动更是如此，一天三扫，学生能逃就逃、敷衍了事。与此相反，网络游戏却深受学生的欢迎，下课之后经常能看到三五成群的学生聚在一起，兴致勃勃地聊着网络游戏，聊得热血沸腾，忘乎所以，甚至老师来了都无动于衷。

我们不妨来看看网络游戏的特点：①群体参与性，无障碍交流，形成归属感；②潜在竞争性，实现由被动到主动的发展需求；③反复体验性，更容易形成积极的心态和自我悦纳的人格。这就给我们提出了一个问题，我们能不能赋予劳动一种积极的导向呢？

再来看看日本，居民处理家庭垃圾的垃圾袋，是向政府专门购买的——这个付费的行为，促使当地居民尽量避免垃圾袋没装满就扔掉，最终促使"用足垃圾袋"现象的发生，而"用足垃圾袋"本身就是一种环保理念的落实。同时，为了让垃圾能够放得久一些，厨余垃圾就要尽量少，这也就促使当地居民在做饭时尽量做得少一些，确保不浪费食物。很多当地的孩子三四岁时就能了解垃圾分类，并自己承担"扔垃圾"这一充满科学与条理的工作。

读到这里，我们或许会惊讶：学会劳动，竟然和科学有关系！其实，不仅如此，劳动还和情感婚姻都有关系呢！哈佛大学曾做过一项调查研究：爱干家务的孩子和不爱干家务的孩子，成年之后的就业率为 15：1，犯罪率是 1：10。爱干家务的孩子，离婚率低，心理疾病患病率低，也更受人们欢迎。

在孩子的成长过程中，积极参与劳动会对孩子的动作技能、认知能力以及责任感的培养产生很大的影响。综上所述，劳动对每一个人的成长都有着积极的意义。它也是打造理想教室，塑造学生人格的重中之重。

➤ 建设性操作

1. 教室分块值日安排表

前段时间，一位日本朋友村田洋回国看望自己的小学老师，他知道我在写关于卫生角方面的文章，就从教室里拍了下面这样一张照片发给我：从图上的扫帚和畚箕图案，我大概能把它的内容确定为班级的劳动分工，令我感到惊讶的是，这张表格中竟然没有一个学生的名字，这是我以往没有想到过的。

日本知立小学班级值日表

这里的奥妙何在呢？一是直接以教室座位的区域与相关的劳动任务对应；二是形成人人都是劳动者，劳动都需要做的平等观念。

于是我借鉴了日本学校的劳动安排表，稍做了一些调整，设计如下：

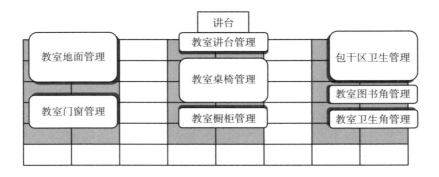

在设计表格的同时我也做了如下两个思考：

①岗位的意义是什么？

我们通常以为劳动岗位是劳动具体分工的呈现，而事实上岗位是每一个学生在教室里的自我定位，岗位的真正意义，并不是做什么，而是你愿不愿意认真去做，能不能坚持去做，是不是用心去做。

②是我选择岗位还是岗位选择我？

班级的学生是没有标签的，没有哪个老师可以轻易认定哪个学生必须从事哪一类劳动，所以人为的定位实质上对学生品格的形成会造成一定的伤害。

2. 值日卫生情况检查表

这是我借鉴某市五星级酒店大楼卫生检查表，设计的班级值日卫生情况检查表，参见表12-4：

表12-4　值日卫生情况检查

值日组长：　　　　　　　　　　　　　　　　　　　　　　　　日期：

项目＼日期	教室通风		教室地面			教室其他环境									值日班长评价	
	无异味		没有果皮纸屑		饮水机附近无积水		讲台面无粉笔灰		桌椅排放整齐		卫生工具摆放整齐		杂物桶及时清理			
	上午	下午	上午	下午	上午	下午	上午	下午	上午	下午	上午	下午	上午	下午	上午	下午
星期一																
星期二																

项目\日期	教室通风	教室地面		教室其他环境					值日班长评价	
	无异味	没有果皮纸屑	饮水机附近无积水	讲台面无粉笔灰	桌椅排放整齐	卫生工具摆放整齐	杂物桶及时清理			
	上午 / 下午	上午 / 下午	上午 / 下午	上午 / 下午	上午 / 下午	上午 / 下午	上午 / 下午		上午 / 下午	
星期三										
星期四										
星期五										

从这张检查表上，我们可以清楚地看到：教室内须保洁的区域；每一个区域的清洁标准；值日生的工作是否达标。

3. 建立合理的激励机制

在实际操作时，建议发挥学生的主观能动性，从表格的设计到评价，可以参照以下三个模式进行思考：

（1）个性驱动

表格可以由学生自己设计；值日签到方式由学生来决定，可以是小红花、五角星等贴纸形式，也可以是打钩和签名，抑或是学生自己设计的手绘小图案。

（2）课间驱动

时段设定以下课时段和午休时段为主，前提是不影响正常的教学，这样可以让学生更加合理地分配课余时间，形成良性的课间休息模式。

（3）评价驱动

记录方式可以设置为值日生、值日班长和班主任三方：值日生负责劳动记录；值日班长负责卫生状况记录；班主任只负责对两者的一致性做出评价。

打造理想教室本身就是一种劳动，这不仅需要工具和方法，更需要师生劳动的热情和智慧的创造。而让学生成为热爱劳动、热爱生活的人就是打造理想教室的终极目标。

"以怎样的视角对待教室环境布置"，恐怕在实用功能的基础上，我们还得增加关于文化的视角，而"隐喻"，就是我们可以尝试使用的方法之一。

隐喻解读：让文化"看得见、摸得着"

一个班级是否具有教育气息，是衡量这个班集体建设优劣的重要标准之一。在一个窗明几净、富有浓厚文化氛围的班级中，全体学生会自发地形成一股浓郁的学习风气，同时，学生的道德情操也得到陶冶。

郭杰老师选择了班级建设中一个容易被忽略的细节——卫生角，从日常经常会发生的现象出发，引发思考，展开研究。他从三个方面阐述了卫生角和环境布置、劳动自觉、劳动行为之间的联系，层层递进，为班级的建设提出了很好的建设性意见，可操作性很强。

一个小小的卫生角建设隐喻了班级文化建设的内涵。本文考察了多个学校在卫生角建设中可借鉴之处，让卫生角不再是"脏、乱、差"的代名词，卫生角同样也可以装扮成班级中一道亮丽的风景线。

令人欣喜的是，郭老师的研究不仅只停留在物质文化层面，而且探索了"隐性文化"，包括制度文化、观念文化和行为文化。卫生角不仅是劳动委员的职责，更是班级师生共同的职责，研究设置"班容班貌"的检查、教室分块值日安排、卫生值日检查表等一系列制度和设计，目的是唤醒师生对劳动的尊重和劳动行为的养成。

郭老师选择从文化的视角去研究班级文化，很有意义。通过加强文化之间的互动，潜移默化地使学生主动接受文化的熏陶，从而不断提升个人素养。

这样一种积极向上、温馨和睦的环境会让学生产生强烈的归属感，触动学生自发地加入建设班级文化的行列，使班级文化的建设与学生的发展形成积极的互动，从而取得教育的成功。

当然，文章的第三部分论述还不够充分，为什么卫生角和劳动影响着学生的未来？这个观点的提出显得有点突兀，建议从劳动的责任角度分析，也许会更贴切一些。

上海市天山初级中学　马海波

参考文献

［1］谭红.从教室环境布置看教室文化建设［J］.科学咨询，2010（7）.

［2］田亚男.规划"小天地"，亮丽"大风景"——例谈班级文化宣传窗的布置［J］.学周刊，2014（15）.

［3］陈卓珺.班级文化：比布置更重要的是什么［N］.中国教育报，2014-10-30.

［4］中映美术教育工作室.欢乐节日——主题手抄报创作技巧［M］.成都：成都时代出版社，2012.

［5］郭琴.倾听墙壁的声音［D］.南京师范大学，2015.

［6］阳丽.小学校园墙面文化建设研究——以长沙市部分小学为例［D］.湖南师范大学，2013.

［7］辛晓菲."以文化人"：小学教室墙壁文化创生问题研究［D］.渤海大学，2016.

［8］巩立舜."无讲桌课堂教学"之我见［J］.当代教育科学，2003（12）.

［9］袁斌，杨春杰，陈志铜，毛磊，卢菊，阳建峰，姚梦阳.新型人性化讲桌的设计［J］.湖北理工学院学报，2015（2）.

［10］李传之.多媒体教室的管理与维护［J］.实验室研究与探索，2013（10）.

［11］杨玉娟，欧阳芳.中小学课桌椅配置工作中存在的问题及建议［J］.中国现代教育装备，2012（2）.

［12］汪艳.班级座位编排技巧［J］.思想理论教育，2011（14）.

［13］王君.你的位置你作主——谈教室的座位编排艺术［J］.基础教育研究，2009（15）.

［14］费海斌.教室不设"卫生角"［J］.班主任，2008（2）.

［15］赵永平，阳军.培养劳动习惯提高学生素养［J］.速读，2016（10）.

附　录

提供照片的学校（排名不分先后）

简称	全称
江声实验学校	湖南湘潭江声实验学校
华二黄中	华东师范大学第二附属中学乐东黄流中学
新清华博世凯学校	上海新清华博世凯外国语学校
大同初级中学	上海市大同初级中学
进才北校	上海市进才中学北校
鹤北中学	上海市闵行区鹤北初级中学
上闵外	上海外国语大学闵行外国语学校
浦江一中	上海市闵行区浦江一中
民办新北郊	上海市民办新北郊初级中学
同济二附中	上海市同济大学附属第二中学
交大二附中	上海交通大学附属第二中学
三新学校	上海市三新学校
奉贤实验	上海市奉贤区实验中学
汇贤中学	上海市奉贤区汇贤中学
君莲学校	上海市闵行区君莲学校
上外松外	上海外国语大学松江外国语学校

简称	全称
闵行三中	上海市闵行第三中学
蒙山中学	上海市蒙山中学
天山初中	上海市天山初级中学
朝阳二小	北京市朝阳区第二实验小学
东展小学	上海市长宁区民办东展小学
日本知立小学	日本知立市知立小学
李文斯顿美国学校	上海李文斯顿美国学校
文来中学	上海市文来中学初中部

后记：在项目研修中谋团队成长

冬去春来，这本书稿终于杀青了！

从策划到动员到启动再到一次又一次无休止地实地考察和现场讨论……整个写作与研究过程，参与者似乎经历了一次十月怀胎，有期许，也有焦虑，有紧张，也有喜悦。现在看来，我们所经历的，绝不仅仅形成了一个"成果"而已，更重要的是这个过程中所迸发出来的惊人的"团队凝聚力"，在团队凝聚力背后所呈现的令人惊艳的"个体生长力"，在个体生长力背后所隐藏着的"结构影响力"！

团队凝聚力

这次的书稿，以"上海市第三期班主任带头人（洪耀伟）工作室"团队成员为研究写作的主要力量。这一期工作室的成员构成非常有趣：在选拔时明确提出不求高职称、高学历，不求名学校、名师。我更关心的是，这位老师是否足够上进，人品是否足够端正……而整个研修过程，也确实呈现出了团队伙伴们非常优秀的个人品质。如果没有班长朱超和才子郭杰无私的支持，很难想象我们的书稿会拖延到什么时候。如果没有葛慧老师、小伟老师、魏芳芳老师的大气热情，率先争取到学校的支持，开放教室，开辟了把写作与班主任工作实践有机融合的先例，这部书稿很可能会成为老师们工作之外的沉重负担，绝对享受不到"写、研、行"同频共振的快乐！如果没有才华横溢的李薇与慧心独具的罗燕为我们做了黑板空间布局和墙面布置的样稿，很难想象，我们在没有具体榜样的情况下会摸索至何时！如果没有爽朗、体贴的刘佳，每次鞍前马后地照顾我们，我们恐怕就不会留下这么多记录美好瞬间的照片，也少了许多思虑枯竭时的欢声与笑语。当然，还有我们的钱坤，不大张扬却极其善良、负责的大男孩，默默地承担了不少接送与服务的工作。还有我们的大姐管红娟老师，身在毕业班依然坚持参与修改稿件的全部过程，和一群年轻人一样，反复磨稿，不断向着更好的方向，努力再努力！还有小妹顾颉，虽已在教育局工作，但忙碌的工作之余，仍挤出时间到达磨稿现场，和伙伴们同舟共济，顺利完成自己分担的任务，为书稿画上一个完美的句号。

这部书稿的诞生过程令我难忘：有时是某个凌晨，我们还在松江的某所学校里火热地讨论；有时是深夜，我们还在奉贤的某间教室里激烈地争吵。十多次的磨稿，让我们提升科研能力的同时结下了深深的情谊！难怪在书稿截稿后的那几天里，不少伙伴会有些不适应地问我："洪老师，我们觉得无聊了，什么时候能再一起做事情啊……"我想，为什么我们会彼此怀念，彼此惦念？因为我们是战友，一起战斗过，共同付出过！

每每想到这些，都让我感动不已！我深深体会到"独行快，众行远"这句话的真正含义。我想告诉伙伴们，有你们一路同行，真好！

个体生长力

老师们能做不能写，似乎成为常态！天天在琐碎的工作中，高强度地持续作战，能静下心思考就极为难得，更不要说能动笔写作；能动笔写作就很是难得，更不要说进行有完整结构的写作；能进行有完整结构的写作已极其难得，更不要说是进行聚焦某个主题的、有完整结构的写作……毫无疑问，这对于老师们而言，是极具挑战的。

幸运的是，在大家的通力合作下，我们一路走过来了！收获满满！

在整个写作研究的过程中，我感觉老师们对于读写与实践的关系有了更深刻的认识——写作选题哪里来？——谁不重视师生生活中碰到的问题，谁的文稿就写得极其艰难！谁不珍惜并及时收集日常工作的素材，谁的文稿就推进得困难重重！老师们不止一次地感慨：可惜啊，平时都做了，只是没有拍照记录；早知道，我就去问问学生了……

能够对自己的工作本身产生新的审视，能够对自己工作的对象产生新的尊敬，这是多么难得的成长体验啊！

不仅如此，对于教师专业化发展过程中软工具的理解，对于文章体例的设计，对于读者意识的培养，对于项目宽度在教师个体心智层面的撑开……整个过程，我相信每个老师，都有了真切的体会。

结构影响力

这确实是一个难忘而有收获的过程！这个过程为什么能够如此务实——人成长了，做了点事？我想背后还是有一些原因的，概而言之就是"结构影响力"。具体如下：

四方合作的项目结构：所谓四方，一方是我本人代表的"上海市第三期班主任带头人（洪耀伟）工作室"，一方是各位学员所在的各个学校，一方是策划编辑所代表的华东师范大学出版社，一方是我的朋友项恩炜老师所代表的"成为学习者工作室"。我本人领衔的工作室，提供的是课题引领、人员组织的工作；而各学员所在的学校完成了提供实践平台的支持者角色；策划编辑所代表的华东师范大学出版社则为我们的课题保驾护航，提供出版保证，这一保证也激励了我们团队全力以赴；项恩炜老师所代表的"成为学习者工作室"，则提供了基于学生问题、基于学习者学习体验、软工具提炼等具体策划思路和写作选点的保证。

同质又互补的成员结构：团队成员，相同的是人品好，很上进；不同的是，每个人的气质特点、思维特点有差异。朱超组织能力强，思维活跃且个性豪爽，他做班长，不仅在组织方面协助团队，还能在书稿碰撞过程中，尤其是遇到困境时，以灵活的思维带领大家走出迷雾，以果敢的决断保证讨论在一个健康的节奏中前进；郭杰思维发散，直觉中对教育理解颇高，最后请他做整本书的梳理与提炼，发挥了他的思维优势；小伟老师，思维清晰又有高度，请他负责总论部分的"策略篇"写作再合适不过……正是在团队伙伴每个人都发挥自己特长的情况下，完成了这个研究的"工程"，取得了一点成绩，虽然还不完美，但确实是一群人精诚合作努力的成果。

对象本身内在的结构：我们都认为班级德育无小事，每块墙壁都会说话。但是，如果要就墙壁布置，就地面布置，就黑板建设做研究，也就写7000字的文章；所以要就班级的布置写一本书，还真不是一件轻而易举的事。在研究写作的过程中，我一次次地惊叹，事物本身就存在伟大的结构。事实上，整个书稿正是在事物本身结构的组织下写就的——就如教室有墙壁有黑板，我们的书稿也就一章墙壁一章黑板地慢慢展开了。每个章节，我们按照在事实生活中所关心的问题，逐渐展开写作。

所有的研究，所有的实践，所有的写作，无不是在不断逼近事实本身。既然说是"逼近"，那就意味着并不代表事实。就如书名"理想的教室"，那就意味着"理想"并未成为事实，理想依旧在我们不断求索靠近的彼岸。一切都在进行中，一切都还需要努力。就如这本书，一方面确实得感谢团队伙伴们的倾力付出，感谢各个学校校长、领导的鼎力支持，感谢上海市教委对班主任队伍培养的制度贡献，更感谢亲人、学生和更多朋友默默给予的支持；另一方面，我们依旧清醒地认识到，这本书只是过程的阶段性产物，也必定存在着许多疏漏和不足，甚至还有错误，也衷心地期待读者朋友，能够提出宝贵的建议和意见，一起携手继续探索这个话题。

最后，再次感谢为本书辛勤付出的项恩炜老师，感谢工作室全体学员和所在学校，感谢所有为此书编写提供帮助的良师益友，更要感谢为本书的编著提供照片、素材的学校，因篇幅所限，我们仅用了学校简称，在附录部分，附上了学校全称，以示诚挚的谢意。

上海市闵行区浦江一中　洪耀伟

图书在版编目（CIP）数据

理想的教室：教室环境布置和空间设计利用 / 洪耀伟编著 .—上海：华东师范大学出版社，2017

ISBN 978-7-5675-6929-4

Ⅰ.①理 ... Ⅱ.①洪 ... Ⅲ.①中小学—教室—室内布置 Ⅳ.① G637.6

中国版本图书馆 CIP 数据核字（2017）第 225088 号

大夏书系 · 教育艺术

理想的教室

——教室环境布置和空间设计利用

编　著	洪耀伟
策划编辑	项恩炜
审读编辑	万丽丽
封面设计	百丰艺术

出版发行	华东师范大学出版社
社　址	上海市中山北路 3663 号　邮编　200062
网　址	www.ecnupress.com.cn
电　话	021－60821666　行政传真　021－62572105
客服电话	021－62865537
邮购电话	021－62869887　地址　上海市中山北路 3663 号华东师范大学校内先锋路口
网　店	http：//hdsdcbs.tmall.com

印 刷 者	北京季蜂印刷有限公司
开　本	700×1000　16 开
插　页	1
印　张	17.5
字　数	220 千字
版　次	2017 年 11 月第一版
印　次	2021 年 1 月第四次
印　数	12 101–14 100
书　号	ISBN 978-7-5675-6929-4/G · 10625
定　价	68.00 元

出 版 人	王　焰

（如发现本版图书有印订质量问题，请寄回本社市场部调换或电话 021-62865537 联系）